滄海叢刊

我的創造、倡建與服務

陳立夫 著

1989

東大圖書公司印行

我的創造、倡建、與服務／陳立夫著 - - 初版 - -
台北市：東大出版：三民總經銷，民78
8,119面：圖；21公分

1.論叢與雜著—民國67(1978-) I.陳立夫著
078/8737

©我的創造、倡建與服務

作　者　陳立夫
發行人　劉仲文
出版者　東大圖書股份有限公司
總經銷　三民書局股份有限公司
印刷所　東大圖書股份有限公司
地址／臺北市重慶南路一段六十一號二樓
郵撥／○一○七一七五一○號
初　版　中華民國七十八年六月
編　號　E 71071
基本定價　貳元貳角貳分
行政院新聞局登記證局版臺業字第○一九七號

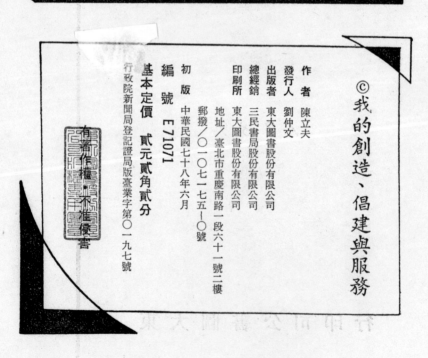

立夫九十歲時所攝

八十七歲鑽石婚紀念所攝

我的創造，倡建，與服務

自序

我今年已九十歲了，記憶力日在退化之中，以往六十餘年所經歷的事，如果不早點記下來，恐怕全部會忘了，我自信我喜歡創造與倡建亦竭智盡忠的服務，雖然我對政治不感興趣，我的志趣在採鑛工程，由於自願加入了中國國民黨，遂受　蔣公及本黨的徵調，理應服從，因此一直離開了本行工作，做了不少外行的事，雖幸未有重大隕越，終感有志未伸，用非所學，成就難期，有忝所生。我在八十歲生辰時，曾與內子孫祿卿女士共同出了一本書畫册，裏面寫着如下數語以自勉：

天生萬事因材篤　栽培傾覆無定數
有志方期事有成　天助尤貴能自助
大勇本從大智生　求智原為求仁故
人生意義何由明　創造犧牲與服務

平時親友來求字者，我亦常題「創造與服務，為人生兩大樂事」數字以應，可見我之人生觀亦以創造與服務為中心，而以此引以為樂者也。茲將回憶所得，分類錄之如下：

一、創造類（自創之，自成之）共計六十七項

1. 機器與建造
2. 制度與方法
3. 團體與機構
4. 理論與實驗
5. 著述與主編、譯

二、倡建類（自倡之，被衆接受而成之）共計二十六項

1. 宏揚歷史文化者
2. 增進國家建設者
3. 正名者

三、服務類（承命之，貢獻之）共計一百四十一項

1. 機關及團體
2. 國家社會重要事項

此書為我之回憶錄之部份摘要，認為可以提前發表者，由北伐時老同志賴世土兄代為編輯，始能付梓，特此誌謝。中華民國七十八年四月卅日於臺北天母弘毅齋。

壹、創造類

創造者，事物之由我創之，並由我成之之謂也。

目次

14、政治評論月刊
15、中國電影教育協會
16、中國本位文化運動及月刊
17、中國科學化運動及月刊
18、中國易經學會
19、中國圍棋會
20、抗戰時期國立中學制
21、抗戰時期教師服務團制
22、抗戰時期學生貸金制
23、中美文化協會
24、中國拉丁美洲文化協會
25、兼任國立音樂院院長
26、開辦商船學校
27、教育部學術審議委員會
28、全國大學統一招生制
29、大學教師分等及資格審查制度

30、大學中學課程標準之建立
31、部聘教授制
32、教育部建教合作委員會
33、全國各級師範學校制度
34、國小及中心小學之建立
35、學校導師制
36、訓導處之增設與訓育綱要之頒布
37、五年制專科學校制
38、高中高職畢業生成績最優之前五名免試入大學制
39、大學畢業考試與考試院普通考試配合制
40、建成聖荷西中國文化公園
41、國父實業計劃研究會
42、滑翔機與跳傘塔
43、唯生論
44、生之原理
45、四書道貫

46、人理學
47、易學應用之研究
48、孔子思想對世界之影響
49、中國標準行書研究推行委員會
50、科學發明獎助委員會
51、李約瑟氏之中國科學與文明翻譯委員會
52、中華科學技藝史叢書編輯委員會
53、中國醫藥抗癌研究中心
54、中國醫藥研究發展基金會
55、中醫現代化與中西醫一元化之推進
56、中西醫合作根治多氯聯苯之實驗成功
57、中醫之科學理論基礎之發明
58、中西醫合作研究推行委員會
59、主編家庭教育教材
60、創編《中文易學》
61、建立中國醫藥學院附設醫院

一、五筆檢字法

民國十五年春我任　蔣公的機要秘書時，起初協助邵力子先生工作，後來邵先生派往馮玉祥處聯絡，僅我一人工作，每日待處理之公文，電報之譯發，不下四五十件，其歸檔方法，及密本歸類，均爲舊式，尋找不易。後來張靜江先生來廣州，我與其談及中國文字之構造，經其啓示，遂發明五筆檢字法，依筆順及筆形，分爲（丶）點（包括捺），（一）畫，（丨）直，（丿）撇（包括趯），（フ）曲（凡多於一個方向之筆形均屬之），共五類，並可以第二筆再以丶一丨丿フ分之，五乘五得二十五類如此排列，尋找甚易，例如何應欽來電，可從「何」字第一二兩筆之𠃊一類抽屜中（共二十五抽屜）二十五類卡片中之𠃊一類（「應」字首筆爲𠃊次筆爲一）求之，不到半分鐘可得之。在北伐軍中密本約一百數十種，公文電報每日逾百，有此檢字法，可增加工作之速度數倍，且機要科規定每日事每日畢，故復電不隔夜，軍貴神速，助益良多， 蔣公知道了，特予嘉許。後來我任中央秘書長和中央組織部部長時，對公文歸檔，黨員卡片，曾用此五筆檢字法，以利查閱。民國十七年我出版我的《五筆檢字法的原理及應用》《姓氏速檢法》《五筆檢字學生字典》均爲中華書局所出版。

二、密電碼破譯法

以往軍中所用密碼本均用商務印書館之明碼電本橫直及角碼加以阿拉伯數字顚倒不定規則之排列，即爲密碼，北伐軍所佔領之城市電報局長，由機要科派人接任，各方來往電報，均移送底稿來科，經我用科學方法加以分析研究，軍人首領間來往全部密電均可譯出，故後來桂系，唐生智，石友三，閻，馮，陳銘樞等之叛變，其軍事計劃所來往商議之電報，我們均已早爲譯出呈 蔣公閱悉，所以知己知彼，戰無不勝， 蔣公曾召集機要科同仁嘉勉曰：「爾等之工作等於十萬大軍」，並予重賞。初不料機要科之任務，除保持己方之機密外，並應偵破敵方之機密也。後來此一工作包括無線電報及外國電報，範圍擴大，設專組由毛慶祥同志主其事。

三、密碼本保密法

商務印書館之明碼本改編爲密碼，竟既可破譯，則保密程度有限，自應設計改進，我遂自編密碼本，以供應用，使他人無法破譯，且字碼時常改變排列，多方研究其內容與編纂方法，並將常用字碼用粗黑字體印之，期使密碼確保機密與翻譯迅速之通訊最高要求目標。

四、公文加速處理及查核法

我在教育部時，感到公文處理之遲緩並難查考，遂發明此法㈠公文到部後，由收發室摘由，用複寫紙寫四份，一份貼在公文上，一份送部長室，一份送收發室，一份存收發室備查，㈡公文依其性質分送各司收，並擬辦後送次長室批辦，㈢次長認爲應呈部長閱者，送部長判行，㈣公文回到各司，應至多於三日內發出，經收發室於備查之摘由紙上記錄之，㈤各司將已處理之公文，卽送檔案室歸檔，檔案室並於摘由紙上登記之，並將已處理之號碼報告部長室，㈥部長室專任秘書在摘由紙記錄之，如無記錄者則此一公文必留中於司，立卽查究，如此則無一公文可以留中不發，或拖延不辦，效率因之提高，且無留中遲復之弊矣。

五、密碼速譯機

密碼貴在常變，庶能保密。此筒上有字一萬個隨時可轉動，AA'為兩個數字之帶環繞字筒，BB'為另一條兩字數字之帶與筒平行橫直合成四個數字，成為一字之密碼，AA'與BB'隨時可以旋轉更換，則密碼亦變矣。

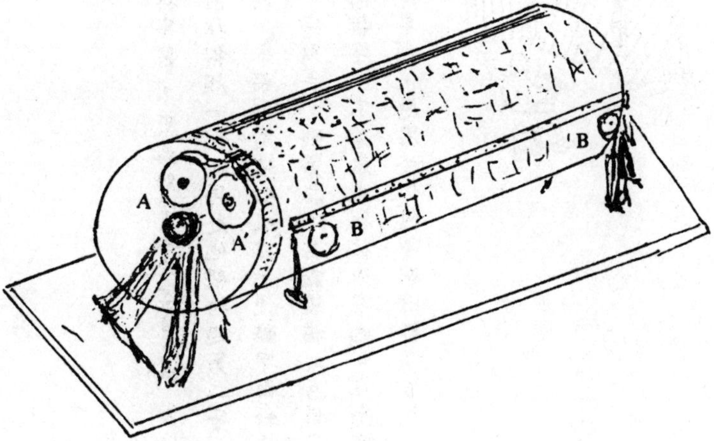

六、簡速排字架

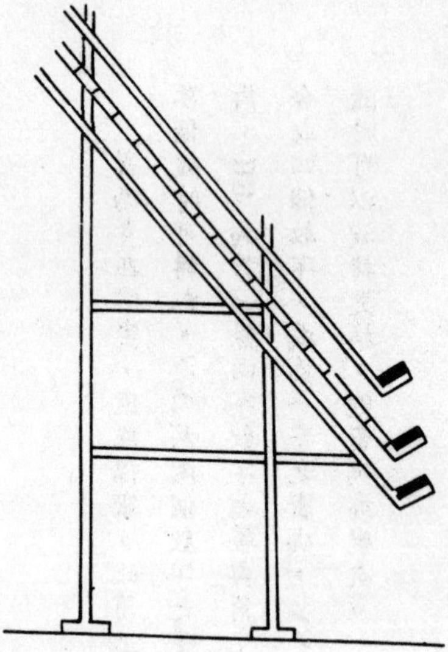

排字架，原為鉛字置於方格之中，排字者，前往拾起一字，再赴他架拾起第二字，頗費時間，本架利用地心吸力，使鉛字由斜坡滑下，一字取去，則第二字自動填補之。排字者可坐而排字，不必來來往往拾字也。在南京時曾請得專利，應用於仁德印刷所排字房。

七、中文打字機

打字機字筒圓型，每方格一字，總共約四千字，每一字有一小彈簧，受電椎打擊時，可伸出筒外，打及紙筒，紙筒可上下行動，及對準其字而停止，字筒可左右，及所找之字對準南北線而停止，曾得臺灣專利局發給專利證書，惟乏時間進行製造。

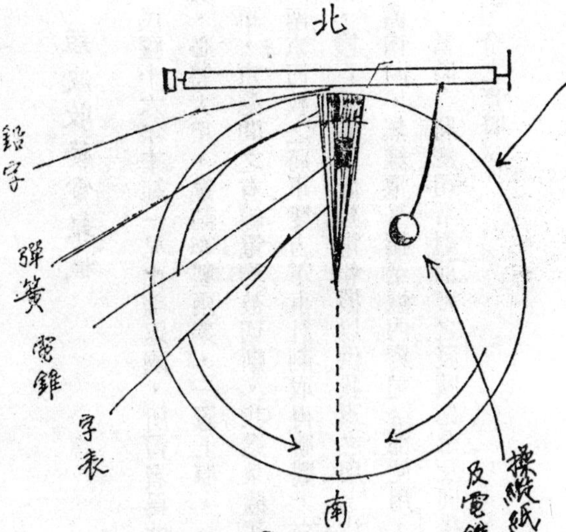

（平面圖）

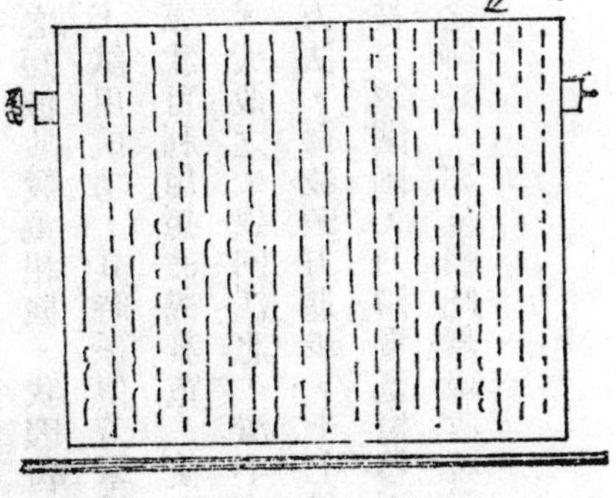

（正面圖）

八、短波收發電報機

民國十六年李範一兄由美返國，所習者爲世界最新之短波收發電報機，我因習工程，知此一發明，必將大用，遂請李製兩架，一置上海，一置南京，試用成功，其時孫傳芳軍適渡江截擊龍潭我軍，京滬間之有線電均被切斷，我遂乘機報告何將軍我可利用短波機發電，使上海白崇禧將軍與南京何敬之將軍雙方軍事計劃取得聯繫，夾擊孫軍，大敗之，退回江北，潰不成軍，何將軍大喜，撥巨款製造此類電報機以供我軍之用，我方通訊方法，愈較敵方進步。十七年五月北伐軍佔領濟南時，無線電臺攜至城內總司令部使用，及濟南被日軍圍困，乃將電臺搶移至城西南之黨家庄，當時　蔣總司令對前方之發號施令及向後方中央之聯絡，亦全賴此無線收發電報機，受蔣總司令之嘉獎。

九、亞洲最大廣播電臺

我任中央秘書長時，與先兄果夫（時任中央組織部副部長，部長爲　蔣公）共同創立中央廣播電臺，爲當時亞洲最強最大的電臺，並大量製造小型收音機，推廣至內地各省以利主義及中央政令之宣傳。

一〇、全國調查統計制度

我於民國十七年奉命創立了黨的調查統計組織，專事研究應付共黨之活動，清黨後辦理共黨青年來歸爲數逾萬，均准予自新，而予以再教育，以中華文化歷史爲主，十八年任中央秘書長，是項職務遂由徐恩曾同志接充。後於二十四年又被任命軍事委員會調查統計局局長，注力軍事方面與共黨鬬爭之重要工作，及至二十七年任教育部部長時始得完全脫離。

一一、京報

民國十七年四月一日，我於機要科工作之餘，創辦《京報》於南京，目的在宣傳主義，領導民衆，鼓舞全國的士氣，以期早日完成北伐，早日實現三民主義；政策是極力反對與蘇俄聯盟，也決不與共產份子妥協合作，同時我們支撑並贊成以平等待我們的友邦聯盟。辦報的資金就是蔣公頒發的獎金中我所得的一份與報社任理事副主席之蕭吉珊，任總編輯之吳醒亞，任助理編輯之陳民耿，羅時實以及一些熱心人士所幫助的。第二年，我們《京報》的發行數量已達到一萬三千五百多份，成爲南京的第一大報，《中央日報》反而居第二位。《京報》也有不少膾炙人口的好文章，譬如，每天都有一些有關婦女，教育等問題的文章，除了文章，副刊是最受歡迎的，我們還配合圖畫說明，星期日加半張畫刊，其中卡通爲全國報紙所首創者，以諷刺社會的黑暗面，尤其對不肖之徒的無情打擊，由梁鼎銘兄主持之。《京報》還有一件得意事值得一提：英國路透社曾把我們有關國際問題的文章翻譯送到外國，使得《京報》也有國外的讀者，美國國務卿亨利·史蒂文森路過上海時，還特別和主筆陳民耿會晤，這眞是《京報》的一大光榮。

一二、正中書局

民國十九年一月我創辦正中書局，爲本黨宣傳主義爲主旨，次年因黨需要一書局，遂化私爲公，貢獻於黨，改爲中央出版事業管理委員會之正中書局，我任該局私立及公立兩時期的董事長垂十餘年之久，於抗戰期間該書局爲國內各大書局中獨一移渝營業之書局，對黨及教育兩方面貢獻殊大，我出國後，始由他人接任之。

一三、時事月報

我辦《京報》一年半後，即移交給石信嘉去辦，將《京報》賺來的錢，又創辦了《時事月報》，這月報的性質，我們是以美國的 *"Time"* 雜誌及法國的 *"Lomois"* 月刊爲典範，有系統地分析國內外重要新聞和科學進步的問題。我任發行人，陳民耿是總編輯，編輯部的同仁全是著名的專家學者和社會名人，例如梁敬錞（和鈞）在編輯部工作，專寫財經方面的文章，發行量爲當時國內第三大刊物，僅次於東方及新中華。

一四、政治評論月刊

當我任中央秘書長時，和我先兄果夫又一起創辦《政治評論月刊》，由鄭亦同同志負責經營，他是國民黨中央執行委員會委員，資本是由我們三人提供。在這本月刊裏，我曾用「陳正」筆名（「正」是「LF」二字所合成的「立夫」之英文縮寫）寫過一篇文章，內容是暗射到楊永泰，題目是〈政客官僚之復活與國民革命之危機〉。結果，楊永泰看了極不高興，到處打聽陳正是誰，後來他知道是我所寫，他也清楚文中所指的政客官僚就是暗指着他。後來該刊倡「一個主義，一個組織，一個領袖」的口號，爲後來推選 蔣公爲本黨總裁之張本。

一五、中國電影教育協會

民國十九年我創立電影教育協會，以示電影對教育所發生的作用，曾數度獎勵每年最佳之影片，以資鼓勵，爲今日金像獎之前身。

一六、中國本位文化運動及月刊

在我未任教育部長之前，我對於一般教育改革和社會教育運動也曾參與，民國二十三年我曾聯合與教育界有關人士在上海發起「中國本位文化建設運動」並出版刊物，請何伯丞先生主持之。

一七、中國科學化運動及月刊

在民國二十三年我又發起「中國科學化運動協會」並出版刊物，以比照美國之 *Popular Science* 月刊使民衆了解科學與人生之密切關係，請張北海兄主持之。抗戰軍興始中止出版。

一八、中國易經學會

民國二十四年初我與劉百閔，程石泉，周鼎珩諸兄發起易經學會於南京，來臺後易名爲中華易經學會由周鼎珩，黎凱旋兩兄先後主持之。因《易經》爲經中之經，中國文化之源泉，不可不重視之也。

一九、中國圍棋會

抗戰期間我創立中國圍棋會，並任第一屆會長，周至柔同志副之，後來該會主持有人，所派往日本之國手如吳清源，林海峯等對於圍棋方面爲國家爭光不少。復於民國六十九年在文復會創立中國圍棋研究推行委員會，由應昌期，于錫來兄等主持之。

二〇、抗戰時期國立中學制

我接任教育部長，正在抗戰初期，最急迫之事，爲淪陷區之學生及教師奔向後方待政府之救濟，而共黨一面高叫口號，戰時不需讀死書，一面招收學生至延安入學；吾方之對策㈠凡願從軍者，教部負責送其至軍校，或軍事訓練班，㈡凡願上學者，政府安置學校上課並維持其生活，㈢凡借抗戰之名行逃學之實者，爲政府所不容許，故教部先設法使各大學單獨或聯合設置於後方，俾大學生可分發入學，而高中生不能使後方貧窮省份增加負擔太多，故在各地成立國立中學及教師服務團，以分別收容師生，俾教育不致中斷，並成立貸金制，以維持其生活，其數量最高月達十二萬餘人之多，此一政策，使共黨之計窮，而使抗戰與建國工作齊頭並進。

二一、抗戰時期教師服務團制

安置學生必須同時安置教師，乃能開學上課，前項辦法係對流亡學生青年之救濟，故對流亡之教師，亦予以適當之安置，乃成立教師服務團予以收容，並依其從軍或從教之志願分別處理，以維持其生活，而繼續爲抗戰建國服務與奮鬪。

二二、抗戰時期學生貸金制

戰時的青年工作，第一爲爭取青年，此一措施具有兩大意義：㈠凡子女之能入中學或大學者，其家庭多半爲中上之家，吾人若在後方照料其子女之學業，其父兄身在淪陷區決不爲日僞所利用，甘爲漢奸。㈡奔赴自由區之學生青年，深信政府必能爲之設法，若來而無人照顧，勢必爲共匪所勾引，欲求補救，將不及矣，故雖化費大量國帑，亦屬値得，以上是我向行政院力爭採取貸金制度之最大理由，還有我的構想以「貸金」二字稱之，表示將來要還款的，財政當局知道將來是要還的，才能支出這一大筆錢。這制度施行，當時其數量最高時，貸金者月達十二萬餘人之多，需款甚鉅，而後來爲國家培育人才也不少，臺北工業起飛，而人才不缺乏者，實有賴於此，這實在是抗戰期間一件在政策性方面很有意義的事。貸金制後來美國亦仿行。

二三、中美文化協會

抗戰時期曾發起組織中美文化協會，致力國民外交中一件很有意義的事，推孔祥熙院長為會長，我副之。

二四、中國拉丁美洲文化協會

曾發起中國拉丁美洲文化協會並任會長，由李熙謀兄任總幹事以主持之，亦曾開過不少次會，對拉丁美洲各國做了相當國民外交工作，惜此一組織，來臺後即告中止。

二五、兼任國立音樂院院長

我在教育部時，認定音樂之重要，成立音樂院，惟音樂家極少佩服同行者，物色院長人選，至爲困難，最後總算找到吳伯超，惟不久吳院長逝世，困難復生，不得已，由我兼任院長，以李抱忱爲教務主任，衆皆悅服。

二六、開辦商船學校

民國二十七年抗戰期間，招商局江輪「江順」號，總噸有四三二七噸，可搭客七百六十一人，如此巨輪，由宜昌上駛重慶，疏散物資，創巨輪航行危險的三峽之記錄，外國人都不相信，視爲奇蹟，紛紛派記者前來採訪。面對這艘巨輪，我有了一個新構想，教育部應開辦一所商船學校，以前有一所吳淞商船學校，在抗戰期間停辦了，實在是很可惜的事。我考慮很久，由於找不到適當的地方，於是就決定在這艘船上辦一所商船學校；並且決定學生們不僅在船上求學，而且還住宿在船上，這項構想終於實現了。重慶商船學校，設有造船、駕駛、輪機三班，學生中有一部份是從吳淞學校轉來的，他們的生活是受軍事管理的，是我國重建海軍好預兆。後來這些學生畢了業，大部份都當了船長。這件事現在回想起來，也深具時代意義。

二七、教育部學術審議委員會

抗戰初起，大專學校遷徙後方，圖書儀器損失很多，政府外滙短絀，補充不易，學術研究，幾乎停頓，我到部以後，認爲爲國家長遠之計，學術研究不可一日中斷，便在無法中設法，使各大專院校加強學術研究，爲建立學術標準，設置學術審議委員會，其人選共爲廿五人，其中十二人由部直接聘任，十三人由國立大學校長選舉產生後由部聘任，此外部次長與高等教育司長爲當然委員，學術專家居絕大多數，所有教部重要規程如大學教師分等及資格審查規程，大學課程標準等均由學術審議委員會審查，爲戰時促進學術研究之一大措施。

二八、全國大學統一招生制

爲了齊一大學生入學水準以及解除高中畢業生在後方交通非常困難的情形下，各處奔波參加各地大學入學考試的困難，我便於二十七年度起實行在後方十九省市分區舉行大學入學統一考試辦法，教育部成立統一招生委員會，各考區分設招生委員會辦理報名考試閱卷事宜，考試科目及日期由部統一規定，試題統一由部頒發，錄取後分發學校由部中統一招生委員會主辦，由部公布，此制施行，青年稱便，又可減少各校院個別辦理入學考試的浪費，實屬一舉數得，此制至今猶在繼續施行。

二九、大學教師分等及資格審查制度

教育部原已訂定大學教員資格規程，並擬從事審定，因事未果，我到部後認爲提高大學素質，審定教員資格正名定分，並予以優禮獎勵，乃當務之急。因於民國二十九年頒布大學及獨立學院教員資格待遇暫行規程，與大學及獨立學院教員資格審查暫行規程。規程中分教員爲教授、副教授、講師、助教四級，其資格與待遇及審定辦法與升等年資均有適當規定，由部特設之學術審議委員會主持審查，甚爲審愼，自民國二十九年至三十三年全國大專學校教員送審者七千人中合格者五千八百餘人。依照規程審查的結果，使過去任助教講師積有年資教學有特殊成績並有著作者可以升等，這使改革了過去教授或副教授必以留學回國得有學位者爲限，而本國畢業雖任教多年有成績有著作之教員，甚至所教學科與國外研究無關者亦沈淪在助教與講師之地位而不得升等之不良措施，這樣對於助教講師有激勵作用，使他們更努力教學與研究。

三〇、大學中學課程標準之建立

全國高等教育，半數爲教會所創辦，其學制各依其主辦之學制國家，顯然爲各式殖民地教育，故課程雜亂無章，於中國部份，所知最少，國立學校，亦無共同課程標準，爲意想不到者。我乃邀集全國教育專家開會擬訂一大學課程標準，內分「必修」「選修」兩類，由行政院頒佈施行，從此國家高等教育有共同合理之標準，此爲我五十年前收回了文化租界，但迄今五十年來，各大學的課程中仍有若干不適合中國的需要，例如醫學仍用外文課本，醫生護士多用英文寫病歷，更有甚者居然連中國通史也有人主張取消了，豈不又漸漸退回到租界的景象？言之可慨！至規定中學課程，也是戰時改進中等教育一種重要的措施，除了在中等教育添設戰時特種教材和實施後方服務訓練而外，教育部還從事各校教學課目及時數表和課程標準的修訂，二十九年修訂公布了高級中學教學課目及時數表，三十年跟着完成修訂了各課目的課程標準。

三一、部聘教授制

提高大學素質，除了整理大學課程而外，並頒布審定師資規程，對於審查合格教員，可准休假進修，亦可發研究費及獎助金，同時對於合格資深望重之教授，經過同科目教授之選舉，可以擔任部聘教授，此辦法，不僅表示教育部尊重教授地位，且具有獎勵優禮之特殊意義，使他們更努力教學與研究，並也解決了戰時新增學校師資荒之困難。

三二、教育部建教合作委員會

我在教育部，發現以往教育與國民經濟全不配合，例如吾國還是農業國家，而不重視水利，抗戰時唯一之南京河海工程學校已停閉，出口各項國產如絲、綢、瓷、茶、桐油等，竟無一校專司研究改造者，無怪乎國家經濟愈來愈差，我遂配合各省經濟，以成立各該省之大專之科系，並創立建教合作委員會，卽國家需要些什麼人才，應事先有個估計，而此後所培育人才方能適合需要，我當時建教合作辦法是，一經培養的人才就必須分發政府各單位任用，其次是各部門所需人才，事先應通知教育部預作準備，因爲培育一批事業人才，決非一朝一夕所能完成的事，此一制度收效甚大。

三三、全國各級師範學校制度

認清任教育工作者，必需爲專才之一種，不能隨便拉人來教書，所以師資不能無計劃培育，因此，我建立全國各級師範學校制度，俾培育各級學校優良師資，使創造及發展各級學校教育時，而無教師匱乏之虞，且能儲備日新月異，隨時代進步之教師人才，後來臺灣實施九年制國民教育，始知教師之不能不早作準備也。

三四、國小及中心小學之建立

國民教育向爲縣地方政府所主辦，在戰前各級教育之中，以國民教育爲最落後，小學並未普設，學齡兒童就學率很低。我到部以後，一面令後方及敵後各省市繼續依實施義務教育暫行辦法大綱，推行義務教育；一面對義務教育作根本的改造和積極的推進，七年的努力，有顯著的成就，舉其犖犖大者：有建立國民教育制度，使國民及中心國民學校增加，並訂了實施計劃，督促各省市推行。關於國民教育的其他重要措施，有關籌畫國教經費，訓練師資，優待教員等各項法令公佈，三十三年由國民政府公佈國民學校法，將戰時對於國民教育的創制，作法律的制定，均爲奠立了國民教育久遠的基礎。

三五、學校導師制

國立中學及後方各大學，既充滿了來自淪陷區的學生，他們遠離家庭，又不容易得到家書，自感缺乏家庭溫暖，故在學校中，必須有人替代父母之責，解答其精神方面之困難而予以輔導，教部遂創設導師制而頒行之。此一制度，在歐洲有少數國家，亦有行之者，在家族制之中國，更爲切要；抗戰八年，似大有助益也，至今此制，猶在繼續推行中。

三六、訓導處之增設與訓育綱要之頒布

與導師制同時施行者，有大、中學校增設訓導處，並頒布訓育綱要，此一綱要經 蔣委員長親自核定，包括全國共通校訓「禮義廉恥」之說明，以及樹人之目標之闡釋，使負訓導之責者，知所遵循，以收德智兩育並重之效。

三七、五年制專科學校制

鑒於三年高中與三年制專科課程有若干重複，我乃創立五年制專科學校制，由初中畢業生直接考入，以培育專業人才，省去一年的時間，可得同樣的結果。

三八、高中高職畢業生成績最優之前五名免試入大學制

高中、高職畢業生成績最優的免試入大學，是我在教育部一個「保送」制度的好辦法，事實

上這種眞正程度好的學生一定會考取大學的，自己子女被保送是一件很光榮的事，但是後來這個辦法出了毛病，若干不大好的高中把次一等的學生保送入大學，讓最好的學生去考試，其實這是容易查出來的，每個學校那些是最好的學生，老師都知道，但是自從出了問題以後，教部就把保送制度取消了，我覺得這種因噎廢食的辦法是不對的，現在他們又在主張恢復保送制度了。如此，好學生不用考試，有優先選擇自己願意的學科，而且暑期中可先去找工作，磨練一下自己，對好學生是有好處的。

三九、大學畢業考試與考試院普通考試配合制

我在教育部時取得考試院之同意將國家考試制度和大學畢業考試制度配合起來，就是考試院普通考試和學校配合，好學生成績到了某一標準以上，就不必再參加普通考試，考試院可發給證書，何必老是考試，考得學生頭昏腦脹，我覺得許多事可以省的就省掉，但是這一制度，不知爲什麼又被取消了，非常可惜。

四〇、建成聖荷西中國文化公園

美國加州聖荷西市僑胞劉國能首先得市長及市議會之同意以孔子誕辰爲教師節，後擴展至全加州，經加州國會議員提出衆議院通過，其時大陸中共正開始批孔揚秦，該案遂被擱置於參議院，否則孔子誕辰成爲中美教師節。該市有一女士名歐菲德者捐地五英畝與市政府，希望興建一中國式公園，由劉國能君回國商請於我，我卽允助成其事，乃請臺北市國際獅子會與輔導會榮工處分別捐贈孔子銅像及其像座，共爲卅英尺高，事成又請王永慶先生捐贈與中山樓前之同一格式牌樓一座，並籌募新臺幣貳千五百萬元建築中山紀念堂、中正紀念亭、中國式石橋各一座，並植國花梅花，及桃各百株，此外又請張筱梅女士捐贈梅花亭一座，以完成一眞正中國式文化公園。

四一、國父實業計劃研究會

在抗戰期間民國二十九年，我鑒於 國父實業計劃對抗戰後的建設問題至爲重要，乃在當時工程師學會開聯合年會時決定成立 國父實業計劃研究會，並推選我任研究會會長後，卽分別敦請各專門工程師學會擬訂各該項工程在實業計劃所需工程人才數量的具體估計方案，民國三十年至三十二年完成此一研究報告。三十四年先總統　蔣公發表其所著之《中國之命運》一書中之〈經濟建設〉一章，其所列之估計所需要各項工程人員數量表即引用此一研究報告中的材料，該研究會繼起有人，至今仍健全存在。

四二、滑翔機與跳傘塔

民國三十年四月四日中國滑翔總會發起成立於重慶嘉陵賓館，恭推　蔣公任會長，由二十一單位首長任理事會理事，我任常務理事主席，郝更生爲總幹事，蕭忠國、李大經副之。三十一年四月四日在重慶兩路口所建跳傘塔舉行落成典禮，爲我國第一個跳傘塔，另第一滑翔場在北培。三十一年十二月二十五日百架滑翔機在重慶舉行命名典禮，至三十五年八月共有五萬七千一百十六名跳傘，是爲我任教育部長鑒於當時抗戰軍與，航空建設對國防至關重要，導致社會重視航空與鼓勵各界青年踴躍投効空軍之意。

四三、唯生論

爲闢唯物論之不合理，依據吾國「經中之經」之《易經》（生生之謂易）之宇宙萬有生存原理及 國父之生元有機論及民生史觀，著《唯生論》以打擊共黨，蓋宇宙間一切生命爲物質與精神兩者配合而成，卽陰與陽之配合，孤陰不生，獨陽不長，其理易明，則「唯物」何能生存耶？「唯心」亦然？依此而知「唯生」始能得其中而合乎生存原理，唯心唯物俱祇偏於一面，而不能得生命之全體大用。

四四、生之原理

我在著《唯生論》上册後，無暇續著下册，乃以哲學體系重寫成《生之原理》一書以代之，「正中書局」有英文譯本，名曰 *A Philosophy of Life* 由任泰兄擔任翻譯在紐約出版(The Philosophie Library, N. Y.)。

四五、四書道貫

《四書》爲吾國文化之精華，爲士人必讀之書，惟爲孔孟學生之筆記或傳述，無多大系統，爰爲之重行依〈大學〉八目分類排列不漏一字編成爲一有系統之書，名之曰《四書道貫》，蓋取孔子「五道一以貫之」之意也。此書由世界書局出版，銷行至九萬餘册，並有日譯韓譯及英譯本，後者由英國之 Routledge & Kegan, Paul 書局出版銷售全球，期能爲中華文化之復興，貢獻其棉薄耳。

四六、人理學

中國經籍內容，大都教人以做人做事之道，所謂「盡人之性」是也，對於「盡物之性」之數理化，則遠不如西方近代之成就，故可總稱之曰「人理學」，遂以講義三十二篇編成此書，以作大學研究所博士班之教材（中華書局）。任教師大、政大、文化三校博士班學員十餘年之久。

四七、易學應用之研究

欲知中國文化，必須先了解《易經》，惟《易經》文字深奧難懂，爰邀請專家先從易學之應用方面撰寫，例如天文、數學、醫學、軍事、音樂等撰寫文章，由我主編，俾從應用而進入原理之研究，現已出版《易學應用之研究》一、二、三三輯（中華書局），於研究易理，有助益焉。

四八、孔子思想對世界之影響

為使國人了解「孔子思想與世界之影響」以助中華文化之弘揚，爰搜集世界各國大學問家對孔聖之評語，集合成上下兩輯，由我主編，交復興書局出版，將來擬譯成英文，以供世人之閱讀，俾知孔子之偉大。

四九、中國標準行書研究推行委員會

在民國五十九年我任中華文化復興運動推行委員會副會長期間，創立了標準行書研究推行委員會以對抗大陸之簡體字，其實行書最初之目的，在求簡、求速而不失字源，有簡體字之長而無其短，遂開始由私人組合研究，繼而移交文復會，以竟其功，旋由教部頒佈施行。此事鮑雨林、張希文等同志協助最力，現在普遍推行中。

五〇、科學發明獎助委員會

我在任文復會副會長期間，因文化復興運動以倫理、民主、科學爲三大綱領，則科學方面亦應有所倡導，爰創立科學發明獎助委員會以配合之，請孫科同志主持，我助之，並將我私人舉辦之李約瑟氏所著《中國科學與文明》之翻譯工作，歸之文復會，使與科學方面更爲配合。數年來，發明請獎日多，得獎助者亦日見增加，該會並舉行高中數學競賽，參加者至爲踴躍。

五一、李約瑟氏之中國科學與文明翻譯委員會

民國六十年知英國李約瑟氏鉅著《中國之科學與文明》已出版一部份總共約八百五十萬字，爲我國祖先對於科學（尤其自然科學方面）之發明尋找證據，以糾正西方人之誤解，認爲自然科學爲西方人所獨創，其中有不少理化物件，中國在數百年前早已有之，惜無書面記載而已，國內曾有人擬翻譯此著，惟以經費及人才難求而作罷。我奉　蔣公之命返國定居，離美前友人餞行，遇船業大王董浩雲兄在座，談及此事，彼允出資以助翻譯，返國後張敏鈺、王雲五、　蔣公均願出錢出力以助成此事，遂由我私人組織翻譯委員會，由我主其事，劉拓先生副之，惟玆事體大，乃化私爲公，移交文復會接辦，俾完成此一巨大之八百五十萬字之翻譯工作。現已出版十五册，尚有三分之一，待英國方面之出版，始可繼續完成工作。

五二、中華科學技藝史叢書編輯委員會

爲毋使等待李約瑟著作在英國之出版逾時，而利用空閑時間，我與劉拓兄主持邀集各項專家編著一套「中華科學技藝史叢書」，如中國天文、水利、蠶業、農業、鐵路、公路、醫學、國

術、國劇、刺繡、銅器等史，已成二十四種，以補李約瑟氏鉅著之不足。(商務)

五三、中國醫藥抗癌研究中心

民國六十二年十二月成立中國醫藥抗癌研究中心，邀集中西醫師對癌症有研究興趣者組成之，希望在中國醫藥書籍中尋找出癌症治療之方法，經遍查書籍，搜集材料編成《治癌中藥方彙編》一冊，以供醫者之參考試驗，後由施裕壽、楊興勤兩同志先後主持，再併入中國醫藥研究發展基金會辦理。

五四、中國醫藥研究發展基金會

民國六十二年十二月又與林百壽、吳三連、唐縱發起中國醫藥研究發展基金會，並被推任常務董事，至七十五年改任董事長，先後由蔡志謙、楊興勤、劉師誠、張萬弓任總幹事主持之。基金會之主要任務，在市及省縣公立醫院中成立中醫部，後來歸入醫院正式編制，勞保局並准私立中醫醫院給予勞保，本會之目的漸達矣。

五五、中醫現代化與中西醫一元化之推進

在中國歷史上我首倡「中醫現代化」及「中西醫一元化」兩大口號，於中國醫藥學院附設醫院先開始實行中西醫合作治病，成績甚佳，並推廣至北港媽祖醫院，後來又與國立中國醫藥研究合作組織委員會，今該會譯中醫重要典籍，以實踐中醫現代化之目的。

五六、中西醫合作根治多氯聯苯之實驗成功

多氯聯苯一病，全世界無法根治，特邀請東海大學梅校長與我主持，並得衞生署，省政府及國科會之資助，先由孔傑大夫獲得初步以針灸臨床試驗之效果，再由孔傑大夫及饒練財博士以針灸與中醫作臨床及動物試驗，頗獲根治之良好結果，已將其結果報告發表於一九八六年之世界針灸大會，並在鹿港、神岡、苗栗三處設站醫治該病患者由省府補助經費，受益者爲數不少。

五七、中醫之科學理論基礎之發明

我爲中醫建立了科學的理論基礎，從《易經》中找到「中和位育原理」後，以證明中西醫各有其不同之科學理論基礎，各有所長，亦各有所短，中醫之治病方法，可以「安內攘外」四字代表之，西醫之方法，亦可以「就事論事」四字代表之，前者視人爲一小宇宙，後者則視人爲一部機器，整體與局部，同爲重要也，惟兩者僅各得眞理之一半，若能相互愛其所同敬其所異，則醫學之進步可期，人類之福祉可達。

五八、中西醫合作研究推行委員會

〈中醫之科學理論基礎〉一文發表後，全體中醫開會接受之，西醫亦無反對者，乃於民國七十六年成立了中西醫合作研究推行委員會，所有臺灣各大醫院首長均參加此會之成立大會，中西醫合作之曙光已現，進展必速，乃先成立小組，集合各大醫院之專家以研究「腦中風」爲中西醫合作之開始，並印成初步報告其成果。其他如肝病、腎臟病研究小組亦相繼在臺中醫院成立，共向此目標前進中。

五九、主編家庭教育教材

一日在文復會開會遇見李教育部長煥告以「一個重視家庭制度之中國，而無一本家庭教育教本，似乎不應該」，李同意我的見解，立即令編譯館着手編著，熊館長遂請我與謝東閔先生共同主編，並邀集專家若干人進行，費一年餘功夫完成《快樂的家庭》一書，旋交由正中書局發行。

六〇、創編《中文易學》

人們均認爲中國文字不易學，因其無字母，其實中文大部份爲形聲字，見其形而知其屬類，並不難學，如果教導有方，則困難自易解除，其優點爲簡單，單音，分類合乎科學，美觀等等。例如「母」字祇一字，而英文需六個字 mother 拼成，以打字言，一個動作與六個動作之比，便捷多矣。又如「打」用手，故入「手」類，「踢」用腳，故入「足」類，「鯉」是「魚」類，有「魚」旁，「燒」是「火」類，有「火」旁，總而言之，以天、地、人、物四大類爲分，明乎此，則易學矣，故稱《中文易學》，此爲我所創見，而請張希文姊鮑雨林兄等數人編著，已出四册，三三書局出版。

六一、建立中國醫藥學院附設醫院

奉　蔣公命前往整頓臺中市中國醫藥學院，俾國內唯一之中醫學院不致變成西醫學院。經數年之努力，使之漸上軌道，可與其他醫學院齊名，遂向經國總統請求補助經費，以建立一所二百五十病床之附設醫院，三年共計得補助九千萬元，又請求俞國華兄在中華基金補助二千萬元，共計一億一千萬元，又由我向工商各界籌募同等之數，醫院乃於六十九年底開幕，王院長匡輔領導有方，成效卓著，現已增至五百病床，猶感難以應付社會之需求，殊爲可喜。

六二、完成中國醫藥學院北港媽祖醫院之建設

蔣經國總統鑒於雲林縣北港地區有八十五萬居民，缺乏一現代化醫院，遂建議財力頗厚之朝天宮媽祖廟出資建造，不幸涉訟，拖延三年半，工程半成無人願接辦，地方人士，堅請我接收，爲學院之實習醫院，經中央及地方撥款補助三億二千萬元，我又向銀行貸款一億六千萬元，乃將其工程及設備爲之完成。現已每日有門診五六百人住院病人一百五十至二百人，對地方人民貢獻不小，且以完成經國總統之德意，我雖艱苦備嘗，勉強引以爲慰。

六三、淋浴與自動全身各部按摩配合，健康日進

在美國時一日見《華華日報》載有一段健身消息，稱之曰：「內八段」，我遂往訪投稿者（秦太太），彼教我如何按摩方法，從眼部起進而至耳部、鼻部、頸部前後、胸部、腹部、腰部、足心部，每一部份按摩一百次，按摩時溫水沖到該部，總共約需四十分鐘，我行之五年，頗覺有益，回國後每晨與淋浴配合，更感有效，現已行之二十五年矣，信心更增，並時常教人仿行，「有恒爲成功之本」，信矣哉！

六四、自醫治臉上白斑

凡人臉上生白斑，起先很小，不過如綠豆般大，後來漸漸擴大，可能滿頭都白，俗稱之曰「羊白頭」，我的嘴邊曾生了一顆大如黃豆大的白斑，請教中西醫，都說沒辦法，我乃商請先兄果夫，咸認爲可以用放大鏡以日光照之，如有細菌，則可殺之，如爲脫色，則日光可使增色，遂決定試之，次日天晴，先兄助我持放大鏡照之，太燙時則移開，如是者一小時，漸見白斑四週有一黑圈，次日再照之，以後見黑圈漸漸縮小，白斑全消，迄今未重發。

六五、自創文句選錄十則

(1)知足常樂，惟於學問則不然。

(2)誠有之謂眞，可欲之謂善，充實之謂美，斯三者爲一切事物進步之過程，而爲人人所樂以追求者也。

(3)愛其所同，敬其所異，則人和而事興；嚴以責己，寬以責人，則心廣而怨遠。

(4)學不厭，敎不倦，學無止境，敎無遺類，執德弘，信道篤，德常有鄰，道不遠人。

(5)以仁存心者無憂，以禮存心者無辱，以義存心者常樂。

(6)法原於禮，禮原於德，德原於道，故舍道德而言法律，是舍本而逐末也，焉能治國家。

(7)珍惜過去之光榮，創造未來之光明，發揮現在之光輝，有此三光，人生之意義乃顯。

(8)國父以「互助」爲人類進化時期之原則，「互助」者倫理道德之別稱也，舍此，則又退化至物種進化之時期矣。

(9)大而能容，剛而不屈，中而無偏，正而遠邪，斯四者，爲中華民族之特性，故能屹立於世界而永存也。

(10)以無私無我之公顯道，以誠己成物之誠律己，以立人達人之仁待人，以不偏不倚之中處事，以日新又新之行成物，知斯五者，則知中華文化之精義矣。

六六、自創聯句選錄八則

(1)大行不加窮居不損
中道而立無爲而成

(2)心地光明無憂無懼（或自得其樂）
身體康健任怨任勞（或隨遇而安）

(3)德本財末立業之基
智及仁守成功之母

(4)事若可傳都合德
人非有品不能貪

(5)浩氣生於集義（或加「至大至剛」）
壯志原爲求仁（或加「無憂無懼」）

(6)無欲心常樂
有志事竟成

(7)道無私故常在
德不孤必有鄰

(8)潤身先於潤屋
憂道不必憂貧

六七、創造類附著述等表

一、著述二十四種　共二十四册

書名	出版年月	書局名稱
1. 唯生論 上篇	民國　年初版 民國61年7月臺初版 民國64年4月臺三版	正中書局
2. 生之原理	民國33年9月渝初版 民國35年10月滬六版	正中書局
3. 生之原理 英譯本 (*Philosophy of Life*) 任泰譯	民國36年初版	美國 Philosophie Library
4. 四書道貫	民國50年10月初版 民國74年7月十七版	世界書局
5. 四書道貫 英譯本 *The Confucian Way* 劉師舜譯	民國60年初版 民國75年初版	商務印書館及聖約瑟大學出版部 英國 Routledge & Kegan Paul Pld
6. 四書道貫 日譯本	民國63年初版	おりじん書房
7. 人理學	民國60年9月初版	中華書局
8. 孟子之政治思想	民國62年9月初版	中華書局
9. 孟子之道德倫理思想	民國75年7月初版	正中書局
10. 國父道德言論類輯	民國70年5月初版	三民書局

11. 從根救起	民國59年6月初版	三民書局
12. 迎頭趕上	民國59年6月初版	三民書局
13. 四書中的常理及故事	民國72年2月	史藝社
14. 中國文化概論	民國76年10月	正中書局
15. 中國文化概論 英譯本 *A General Discusision Chinese Culture*	民國78年1月	正中書局
16. 中西文化之異同及其他國家文字英譯本 *Eastern & Western Cultures: Confrontation or Conceliation* 薛光前譯	民國61年	美國聖若望大學出版部 行政院新聞局
17. 陳立夫儒家研究言論集	民國72年7月初版	黎明文化事業公司
18. 中國文化之科學解析	民國73年12月	中央文物供應社
19. 孔子何以被尊稱爲萬世師表 英譯本 *Why Confucins Has Been Reverenced as The Model Teather of All Ages?* 薛光前譯	民國65年	美國聖若望大學出版部
20. 五筆檢字法之原理及應用	民國23年10月初版 民國60年2月在臺出版	中華書局 中國語文研究中心

21.五筆檢字學生字典	民國23年10月	中華書局
22.四書章句速檢	民國65年3月初版	世界書局
23.治癌中藥方彙編	民國66年3月	中國醫藥抗癌研究中心
24.中醫之科學理論基礎及新的醫學如何產生	民國73年	中國醫藥學院

二、主編三十二種（劉拓兄爲助）　共計四十五冊

書名	出版年月	書局名稱
1.孔子思想對世界之影響　上下兩輯	民國64年10月初版	復興書局
2.易學應用之研究　一、二、三輯	民國63年7月初版	中華書局
3.中國文化基本教材　六冊	民國73年1月至民國75年1月	國立編譯館
4.中國文化基本教材教師手冊　六冊	民國73年1月至民國75年1月	國立編譯館

5.中華科學技藝史叢書已出版十八種，共計二十冊，未出版者八種。

書名	編者	校訂者	出版年月	出版書局
(1)中華水利史	沈百先 章光彩等		民國68年3月初版	商務印書館
(2)中華農業史——論集	沈宗翰 趙雅書等		民國68年3月初版	商務印書館
(3)中華鐵路史	凌鴻勛		民國70年7月初版	商務印書館
(4)中華水運史	王洸		民國71年4月初版	商務印書館
(5)中華鹽業史	田秋野 周維亮	朱玖瑩	民國68年3月初版	商務印書館
(6)中華氣象學史	劉昭民	鄭子政	民國69年9月初版	商務印書館
(7)中華書法史	張光賓		民國70年12月初版	商務印書館
(8)中華地政史	蕭錚	黃通	民國73年1月初版	商務印書館
(9)中華醫藥學史	鄭曼青 林品石	李煥燊 陳夸義	民國71年11月初版	商務印書館
(10)中華合作事業發展史 上下	陳岩松		民國72年3月初版	商務印書館

⑾中華公路史　上下	周一士 胡美璜等		民國73年7月初版	商務印書館
⑿中華天文學發展史	劉昭民	丁有存	民國74年1月初版	商務印書館
⒀中華園藝史	程兆熊		民國74年4月初版	商務印書館
⒁中華地質學史	劉昭民	阮維周	民國74年9月初版	商務印書館
⒂中華國劇史	史煥章	張光濤	民國74年11月初版	商務印書館
⒃中華天文學史	曹謨		民國75年9月初版	商務印書館
⒄中華物理學史	劉昭民		民國76年7月初版	商務印書館
⒅中華雕刻史　上	鄭家暐 鄧淑蘋		民國76年7月初版	商務印書館
中華雕刻史　下	袁德星		在商務排印中	
⒆中外數學史的比較	趙良五		在商務排印中	
⒇中華生物學史	劉昭民		在商務排印中	
㉑中華樂律史及唐樂府研究	陸運逵		在編寫中	

(22)中華印刷史	江應龍		在編寫中
(23)中華社會福利法制史	周建卿		在編寫中
(24)中華繪畫史	江兆申		在編寫中
(25)中華陶瓷史	章依華 蔡本雄 陳擎先		在編寫中
(26)中華刺繡緙絲史	胡賽蘭		在編寫中
6.快樂的家庭 與謝東閔先生共同主編 共四冊		民國77年1月初版	正中書局
7.中文易學 共四冊			

三、主譯（原本已出版十四冊又濃縮本十二冊共計二十六冊，未出版者尚有八冊劉拓、林品石兩兄為助）

李約瑟氏《中國之科學與文明》已出版十四冊如下

冊別	譯者	校訂者	出版年月	出版書局
第一冊 導論	黃文山	陳石孚 任泰	民國60年12月初版 民國66年6月修二版	商務印書館

第二冊 中國科學思想史 上	陳維綸 程滄波 陳舜政 劉崇鋐 端木愷		民國62年3月初版 民國64年3月修一版	商務印書館
第三冊 中國科學思想史 下	杜維運 程滄波 顧翊羣 陳捷先 李杏邨 張靜二		民國62年7月初版 民國63年12月修一版	商務印書館
第四冊 數學	傅溥	劉拓	民國63年6月初版 民國64年9月修一版	商務印書館
第五冊 天文學	曹謨	劉拓	民國64年1月初版 民國66年8月修二版	商務印書館
第六冊 氣象學 地圖學 地質學 礦物學	鄭子政 王源 藍晶瑩 姚國水 黃春江		民國64年8月初版	商務印書館
第七冊 物理學	吳大猷 李熙謀 張俊彥	吳大猷 劉拓	民國65年1月初版 民國66年8月二版	商務印書館
第八冊 機械工程學 上	錢昌祚 石家龍 華文廣	程嘉垕 劉拓	民國65年1月初版	商務印書館
第九冊 機械工程學 下	錢昌祚 石家龍 華文廣	程嘉垕 劉拓	民國65年8月初版	商務印書館
第十冊 土木及水利工程學	張一麐 沈百先	段品莊 劉拓	民國66年4月初版	商務印書館
第十一冊 航海工藝 上	金龍靈 楊傳琪	林纏民 劉拓	民國69年10月初版	商務印書館
第十二冊 航海工藝 下	金龍靈 楊傳琪	林纏民 劉拓	民國69年10月初版	商務印書館

第十三冊　造紙與印刷（原文書在翻譯中）				
第十四冊　煉丹術和化學	張儀尊 劉廣定	劉　拓	民國75年5月初版	商務印書館
第十五冊　煉丹術和化學	胡懋麟 余傳韜	劉　拓	民國74年9月初版	商務印書館

以上十五種　共二十六冊

註：一、除上述中譯本外，另出濃縮後之節本，計有一～十二冊及十四、十五冊。

二、正在翻譯中者，除第十三冊〈造紙與印刷〉外，尚有第十六、十七冊〈煉丹術和化學〉，第二十冊〈植物學〉，第二十一冊〈農業〉及第二十二冊〈軍事工藝〉。

三、原文書第五卷第六冊，第六卷第三、四、五冊，及第七卷，均尚未出書，俟出書後購譯。

四、勸編　三種　共五冊

書　名	出版年月	書局名稱
1.中華醫藥專輯　一、二、三輯	民國71年10月至 民國76年10月	中華日報

2. 中華文化復興論文選集	民國61年	文復會
3. 標準行書論文選集	民國75年6月	文復會

總計七十四種　共一百冊

貳、倡建類

倡建者，事物之由我倡導或建議，而由政府、社會、或 蔣公所接受施行之之謂也。

目次

14、建議何敬公應使投降之日軍保護津浦、平漢兩鐵路

15、建議不接受馬歇爾將軍來華調解國共

16、建議不開政治協商會議

17、建議勿對黃金儲蓄券打六折發還

18、建議　總統提名副總統人選

19、建議　總統飛抵重慶試圖振士氣保持西南半壁

20、建議　總統勿去西康及昆明

21、建議　總統於杜魯門未見李宗仁前復職

22、建議以文人爲國防部長

23、建議　蔣公由輔導會贈送石刻　國父親書大同篇與聯合國

24、始倡「三民主義統一中國」之口號

25、繼建議以中國文化統一中國及共同實行　國父實業計劃以開始試行合作

26、正名爲治國之要務

一、首次建議 蔣公抗拒共黨之威脅，不離粵去俄

我於民國十四年底到廣州，卽受命擔任軍校蔣校長辦公廳機要秘書，在東山公館工作，始則助邵力子先生，不久邵被派往北方馮玉祥處接洽，我乃一人獨任其事。其時 蔣校長雖以軍事統一廣東，但黨權政權均歸汪精衞所掌握，在「以黨治政，以政治軍」的口號下， 蔣公隨時有被免職之可能，二月中 蔣公以北伐計劃上呈軍事委員會，該會主席爲汪，其權操之在俄顧問基山嘉之手，對該計劃擱置不理，後來 蔣公請辭軍職，亦被該會擱置不批，而該會決定要 蔣公去蘇俄，名爲考察，實爲扣留，然後派人接替其軍權，俾汪精衞全受蘇俄顧問之支配，由赤化兩廣，進而赤化中國，其計殊毒。十五年三月初 蔣公被迫，勢在必走，行裝既備，護照（ 蔣公與我）送來，在乘車由東山公館至珠江碼頭途中，我問 蔣公曰：「我們爲什麼要走，軍權在校長手中，我們還可以幹呵」， 蔣公乃命汽車駛回公館，將抵公館， 蔣公復命司機，駛向碼頭，我見其痛苦思維，復向其進言曰：「校長這樣一走，總理所交付的責任，誰來負擔？」 蔣公一聞此語，再命司機轉頭開回公館，決心不走了。此一改變，遂有三月二十日之事變，壓平此一事變，幸在先下手，否則 蔣公非被殺卽被綁押赴俄，自此以後，黨政復歸本黨全權支配，爲革命史之一大轉捩點，其詳見我之《回憶錄》。

二、華僑招待所在南京首都之建立

在民國十七年全國統一後，海外僑胞回國參加盛會接洽僑務者甚多，我與先兄果夫共同建議中央在南京興建華僑招待所，俾歸國僑胞行止諸多便利，以華僑捐款謀華僑福利此爲第一次，歸國僑胞，莫不稱便。

三、北京改名北平

爲政之道，正名爲先，我于民國十七年在《京報》社論中，建議政府，改北京爲北平，因政府已定都南京，則北京不復爲京都，在歷史上北京曾名北平，則改爲北平，合乎正名之原則，此一建議，蒙政府採納施行。

四、直隸省改名河北省

同時在《京報》社論中，建議政府，改直隸省為河北省，因首都既已定在南京，江蘇省才配稱為直隸省，遂考據歷史該省曾稱為河北省，如此改稱，極為合理，此一建議，蒙政府採納施行。

五、江蘇大學改名中央大學

同時在《京報》社論中，建議政府，南京既已定為首都，自應改南京之江蘇大學為中央大學，以符正名之義，此一建議，亦蒙政府採納施行。

六、倡議建造西安至廸化之鐵路

民國十九年十月討伐閻、馮戰事勝利後，我由洛陽歸來曾建議　蔣公設法向外國（英、法、德、美等國）借款，建造由西安至廸化之鐵路，以易移民。查新疆有十七個浙江之大，浙江省人口二千七百萬，而新疆人口僅三百餘萬，移民實邊，至爲需要，並利國防，蘇聯覬覦新疆爲時已久，如我方能早移民前去，則此害可免，惜此一建議，未能實施，否則，抗日戰爭時，西北之運輸困難，可以避免。

七、倡議宜派大員赴日說服其政府轉移西侵為北侵政略

民國二十四年間，行政院院長兼外交部長汪精衞以唐有壬氏任對日之外交，我曾奉告汪氏，蘇俄希望在東方促成中、日之戰，在西方促成德、法之戰，不但可以擊破軸心國家之聯盟，並可自立中立而自保，我方之政略，應使日本北進，而非唐氏零星之應付可成，宜派大員如戴季陶、張羣先進同志前往日本，提出互惠計劃，說服其上級，以改變其政略，惜汪氏自信太過，未予採納，失去機會。

八、倡建滇緬公路

在抗戰初起時，我與曾養甫同志聯名簽呈　蔣公及早準備滇緬公路之建築，在沿海各省被佔時，使後方供應有路，惟此案經　蔣公批交交通部研辦，竟被延擱兩年之久，始作進行，坐誤時機，殊爲不當。此一計劃，仍請曾養甫同志主持之。

九、建議孔子誕辰為教師節

民國二十八年我在教育部長任內爲崇敬大成至聖先師孔子，倡建以其誕辰爲教師節，經政府頒行，迄今每年屆期慶祝。今則已由美國加州聖荷西市開始以及全加州均于是日舉行慶祝教師節，該案已通過美國衆議院，現尚待參議院通過，若然則孔子誕辰將成爲全美之教師節。

一〇、建議夏禹誕辰為工程師節

民國二十八年我於任中國工程師學會會長時，倡議與其他專門工程學會開聯合年會于成都，並建議以六月六日中國歷史上最偉大之水利工程專家大禹誕辰爲工程師節，經大會通過，蒙政府頒行，迄今每年舉行集會慶祝。此種紀念方式，具有崇尚中華歷史文化之意義，殊爲可貴。

一一、建議胡宗南集中全力於軍事，做一件非常大事

民國二十九年秋我去西北各省視察教育時，經西安，胡宗南同志邀請我晚餐，晚餐前欲我檢閱其部隊，檢閱畢，我讚其軍容肅穆而壯大，並語之曰：「 蔣公以北伐第一軍之基本部隊授兄，並以最佳美援武器補充兄，兄宜做一件轟轟烈烈之事以報之，則今後之天下，兄乃能承其緒，兄如有此魄力，我願共負其責，我告以計劃。」宗南兄不敢冒此險，我知其雖有大志而無大膽，不可以有爲矣。大陸淪陷，胡之數十萬大軍，冰消雪融，一無作爲，我爲之浩嘆不已。

一二、建議黃花崗紀念日為青年節

民國三十二年我建議政府以三月二十九日黃花崗紀念日爲青年節，其意義爲是日乃中華青年第九次舍生救國之大規模行動，卒使武漢起義隨之而成功，抗戰時期，提此建議，更足以振士氣而鼓勵青年從軍，因之立卽蒙政府採納頒行。

一三、倡導戲劇節、音樂節，及體育節

民國三十二年我爲擴大社教，又先後建議二月五日爲戲劇節，四月五日爲音樂節，九月九日爲體育節，均蒙予以採用，在音樂節日於重慶並提倡舉行萬人大合唱愛國及抗日歌曲，以壯士氣。

一四、建議何敬公應使投降之日軍保護津浦、平漢兩鐵路

我建議何應欽將軍於接受日軍投降後，應令日軍擔任保護津浦、平漢兩鐵路，使之迅速恢復

南北之交通，以利我軍運往北方，並免共黨佔先，不知何故，我軍之北調，仍用空運及水運。

一五、建議不接受馬歇爾將軍來華調解國共

我辭敎育部長之日，蔣公約我午餐，經國同志亦在座，餐畢，外交部王世杰部長前來報告美國派馬歇爾將軍來華調解國共事，我在旁插嘴曰：「此事不宜同意，國共之調解，蘇聯決不讓美國成功，而且以世界英雄如馬將軍者任此事，萬一失敗，將如何下臺，何況成功的機會不多。」蔣公聞我之言頗有所動，回頭問王曰：「電報已發否？」答曰：「已發。」其實此日爲星期日，欲追回此電，亦來得及，王又曰：「美國對中共事太不清楚，讓其參加，亦有好處。」我又曰：「將來所得必不償所失。」此一建議，未被採納，于焉鑄成一大錯事。

一六、建議不開政治協商會議

政治協商會議之召開，其發動是否爲美國，我不知其詳，惟王世杰同志最爲熱心，我則表示

反對，其他參與討論者，無可無不可，我認爲凡一會議，多數通過，而參與者不服從多數而拒絕而執行之，此種會議，有何意義， 蔣公曰：「立夫，你對政治看得太簡單了！」因之我不再發言，惟自忖對政治不宜玩手段，玩手段，則決玩不過共黨，故我決意不參加。後來決定召開，陳布雷兄兩次奉命來我家力勸參加，我以旣爲 蔣公之意，勉強服從，惟預知共黨慣用「打打談談，談談打打」之策略，必無結果也。王世杰兄與我同參加政治組，一日謂我曰：「共黨爲什麼這樣麻煩？」我答之曰：「兄到今日才知道？」可見欲知共黨之不易也。

一七、建議勿對黃金儲蓄券打六折發還

自從 蔣公統一兩廣從事於北伐以至於完成，此一階段之財政，宋子文出力不小，自抗戰開始，以至於勝利，孔祥熙有大功焉，抗戰勝利後，宋子文復接掌財政，則步步錯誤，例如以二百比一收回僞幣，使人民均變爲貧窮，黃金儲蓄券，以六折歸還，失去人民對政府之信仰，又美金儲蓄券之到期不歸還，更失去華僑之信仰，至於拋售黃金政策，更動搖國本，一切一切，均受共黨潛伏于財政部之冀朝鼎之滲透愚弄，調查局數次警告，而宋不置信，卒致通貨膨脹而無法挽救，影響民心士氣，終致不可收拾，我雖在國防最高委員會兩次發言反對，黃金以六折發還稱之

曰「違法失信」，但　蔣公勸以應信任財政當局，僅允二兩以下不打折扣，而政信大失，無法挽救，一言以蔽之曰：「蔣公爲軍事天才，於財經太過信賴宋氏」，爲大陸失敗主因之一。大陸淪陷後，毛澤東論功行賞，以冀朝鼎爲首功，而任以人民政府之財政部長，可以爲證矣。

一八、建議　總統提名副總統人選

在民國三十七年春本黨提名總統候選人時，衆意全屬　蔣公，惟　蔣公有意由文人擔任，屬意胡適，惟黨內先進，均不贊同，仍堅持擁戴　蔣公。其他的人當然開始競選副總統了，像西北方面推舉于右任，他年紀也很大了；孫科是　總理的兒子，他也很有功勞，也被廣東方面提名；程潛在北伐時任第六軍軍長，資格很老，是湖南人，湖南方面，軍事人才很多，力量很大，他們推舉他出來；再加上李宗仁，四個人出來競選副總統。先總統　蔣公在本黨召開總統副總統候選人提名會議的時候，　蔣公全票當選爲總統候選人，我就寫了個條子給　蔣公，我寫着：「照美國及其他民主國家的慣例，副總統由總統提名，是不是就乘這個機會把鈞座心中想要的人選提出來?也是很合適的，大家也不會有異議的」，不料　蔣公沒有採納我的建議，他就站起來宣布：「副總統自由競選！」這樣一來，我在組織部的地位，就不能幫上述四個人中的那一個了，實際

上　蔣公並沒有想得很週到，他心中是很想孫科當副總統的，但表面上不願得罪任何一位候選人，所以要大家自由競選，他不知道這樣一來我們的困難大了，而孫科這位先生有大少爺派頭，他不從事選舉活動，而李宗仁卻有大批人幫他去活動，所有國大代表，他都有人去和他們接觸，李宗仁的太太又能幹又漂亮，這時期也爲李宗仁四處活動，相形之下，孫科實力太弱，我們難暗中幫助孫科，但投票孫比李少得多，李花很多錢，孫不肯花錢，也沒什麼錢，所以李宗仁當選了副總統，因此後來的大局受了影響，被共黨各個擊破，而撤離大陸。

一九、建議　總統飛抵重慶試圖振士氣保持西南半壁

總統　蔣公爲冀弭戰消兵以解人民倒懸，於三十八年一月二十一日引退由李宗仁代，我亦去廣州助非常委員會秘書長洪蘭友同志，不久孫科辭去行政院長，由何應欽繼任，何復辭，李提居正，差一票未通過，後由閻錫山繼任，軍事失利，遷都重慶。不久，李托詞去美求援，不告而別，京都無主，形勢益下，我去電促　蔣公來渝鎮攝，大局或尚有救，　蔣公復電即來，於民國三十八年十一月十四日由臺北飛抵重慶，局勢稍定，但以李代總統由南寧飛香港不返，中樞軍政由行政院閻錫山主持，而雲南盧漢態度突變，西南形勢日緊，不久退成都，保持西南半壁未成功。

二〇、建議　總統勿去西康及昆明

民國三十八年十一月三十日因局勢逆轉，　蔣公由重慶飛抵成都，十二月七日晚我去軍校校長官邸見　蔣公，承告以今日川中諸軍事領袖奉召不來，知已有變，　蔣公告以將去西昌，我力勸阻，謂胡宗南軍僅有兩團抵西昌，人地生疏，劉文輝不足靠，不宜冒險前往。　蔣公又謂去雲南如何？我亦以爲不可，謂盧漢已釋放共黨份子，其心已變，千萬不可去，否則有危險，　蔣公採納我意，請張羣同志代表前往，而被盧漢扣押。後來大勢已去，　蔣公由成都直飛臺灣。

二一、建議　總統於杜魯門未見李宗仁前復職

民國三十八年十二月十日　蔣公由成都飛臺後，各民意代表機構及民衆團體，紛紛請求蔣公復職，開會討論時，我堅決主張，務必在李宗仁未謁見杜魯門總統之前復職，並對　蔣公曰：「天與不取，必受其殃」，幸蒙採納，遂於次日宣告復職，而李之見杜魯門一無結果。

二二、建議以文人為國防部長

來臺後陳誠同志被提名爲行政院長，由袁守謙同志代其要求我向立法委員爲其助選，事成後，經來就商行政院各部人選，我曾向其建議，吾國亦不妨仿西方國家例以文人爲國防部長，彼問是誰，我遂推薦我所敬佩之俞大維兄，惟當時行政院各部會名單中並未提出，一直等到四十三年陳誠任副總統俞鴻鈞繼陳爲行政院長時，始克實現。以後蔣經國同志亦以文人繼任，援此例也。

二三、建議 蔣公由輔導會贈送石刻 國父親書大同篇與聯合國

《禮記・禮運篇大同章》，爲吾國祖先對世界之最高理想，經 國父親書而漸彰，我在美國養鷄時， 蔣公欲我任聯合國代表，我懇辭不就，惟建議 蔣公以 國父親書之〈大同篇〉石刻贈諸聯合國，蒙 蔣公接受，交輔導會辦理，惜該會主持者氣派不大，僅贈以約 2′×5′ 之大理石刻懸之于聯合國常務理事會會場外，我國退出後，中共進入，竟促聯合國去除之，其愚眞不可及矣。

二四、始倡「三民主義統一中國」之口號

在民國六十八年我八十賤辰時，鑒於復興基地臺灣初步實行三民主義數十年之豐碩成果，已足以證明三民主義之成功，而反觀大陸實施共產主義，經濟凋敝，政治失敗，統治三十餘年以來，只帶給同胞以痛苦與貧窮，也證明共產主義之絕路，我乃于是年中央所舉行之　國父誕辰紀念中，以「三民主義統一中國之必然性」爲題，作一報告，冀大陸人民促使中共與我趨向同一之目標進而謀求和平之統一。次年三月廿九日本黨全國代表大會，即以三民主義統一中國爲討論主題，後來組織「三民主義統一中國大同盟」以從事此運動，由何應欽將軍主持之。共黨對此號召，深爲恐懼，立即撰廿三篇社論以攻擊之，其頑固不化，甘爲人奴，可以見之。

二五、繼建議以中國文化統一中國及共同實行　國父實業計劃以開始試行合作

我以國共兩次合作，其協定均開宗明義以實行三民主義爲共守之信條，故初倡三民主義統一中國，有冀趨向相同，進而謀求和平之統一，惜未被中共採納；玆以大陸情況時時在變，而國際

情勢（尤其蘇俄）亦大大在變，乃又聯合本黨同志卅四人向中央第十三次全會建議以中國文化統一中國，建立共信；以投資共同實行 國父實業計劃，建立互信，並以爭取大陸民心，以利和平統一案，有望於大陸當局能放眼於中國之未來，及同意中國文化與經濟將有助於世界之和平，以共信互信，開誠合作，進而雙方以平等及和平方式謀求中國自由，民主，均富的統一。（說明與辦法詳原提案）

二六、正名為治國之要務

為使大衆容易了解中國文化中之重要字義，特作如下之定義：

易經——宇宙萬有生存進化之原理

儒家——教育家

道——人類共生共存之原理（或道路）

德——人類共生共存原理之應用（或走路）

仁——成己愛羣之存心

義——成己愛羣之實行

禮——仁義之調節，使之恰到好處（中）

中——恰到好處

和——發而中節使雙方均滿意

大同——愛其所同敬其所異，忍小異而持大同

叁、服務類

一、以機關或團體為對象

二、以重要事項為對象

㈠服務機關之時間與名稱表

屬軍事方面

目次	年月	名稱	備註
1.	民國14年12月	任黃埔軍校校長辦公廳機要秘書	
2.	民國15年7月	任國民革命軍總司令部機要科科長	
3.	民國15年12月	任國民革命軍總司令部代理秘書處處長	
4.	民國16年6月	任軍隊清黨委員會委員	
5.	民國17年3月	任戰地政務委員會委員	
6.	民國17年12月	任訓練總監部政治訓練處處長	
7.	民國24年5月	任國民政府軍事委員會調查統計局局長	
8.	民國26年11月	任軍事委員會第六部部長	

9.	民國26年11月	任軍事工程團團長	
10.	民國28年3月	任戰地黨政委員會委員	
11.	在民國二十七年一月至三十三年十二月抗戰期中任教育部部長應軍事需要先後安置流亡學生青年至軍校或軍事訓練班注意學生軍訓以及徵調大學畢業生至軍中任翻譯工作並協助成立三十萬青年軍加入作戰		

屬黨務方面

12.	民國17年3月	任中央組織部調查科主任	是由國民革命軍總司令辦公廳機要科長兼任
13.	民國17年3月	任中央宣傳部設計委員會委員	
14.	民國18年3月	選任第三屆中央執行會委員	
15.	民國18年4月	選任中央秘書長	
16.	民國18年	任中央政治學校校務委員	曾代理教育長任教三民主義
17.	民國20年2月	任建築中央黨部籌備委員會常務委員	
18.	民國20年6月	任中央組織部部長	後來三十三年底復任

19.	民國20年11月	選任第四屆中央執行委員會委員	
20.	民國21年3月	任中央組織委員會主任委員	
21.	民國23年7月	任中央黨部工作人員從事政治工作考選委員	
22.	民國24年12月	任中央及各省市黨部工作人員從事司法考選委員	
23.	民國24年12月	選任第五屆中央執行委員兼常務委員	
24.	民國24年12月	任中央撫卹委員會委員	
25.	民國26年7月	任中央黨部工作同志分發服務籌備委員會委員	
26.	民國27年4月	任中央訓練委員會委員	後來三十四年復任
27.	民國27年12月	任中央青年團常務幹事	
28.	民國29年12月	任三民主義叢書編纂委員會委員	
29.	民國30年2月	任黨團指導委員會委員	
30.	民國30年3月	任中央政治學校黨務講習會指導委員	

31.	民國30年6月	任東北人民團體黨團指導員	
32.	民國34年5月	選任第六屆中央執行委員兼常務委員	
33.	民國35年6月	任中央黨部工作同志轉業指導委員會委員	
34.	民國35年9月	任中央執行委員會甄選委員會委員	
35.	民國36年2月	任中央組織黨團指導委員會主任委員	
36.	民國36年4月	任中央選舉指導委員會委員	
37.	民國36年5月	任國民參政會黨團指導委員	
38.	民國36年7月	任中央黨團統一組織委員會委員	
39.	民國36年12月	任幹部訓練委員會委員	
40.	民國37年2月	任組織編組小組委員會委員	
41.	民國37年2月	任中央黨部同志工作輔導委員會委員	
42.	民國37年3月	任國民大會黨團指導委員會委員	

43.	民國38年6月	任中央執行委員會非常委員會委員
44.	民國39年	任中央評議委員及主席團主席之一迄今
45.	其他：民國十九年三月推任三屆三中全會秘書長，十一月推任三屆四中全會秘書長與三十三年五月五屆十二中全會，三十五年三月六屆二中全會，三十六年三月六屆三中全會先後三次推任全會主席團十一人中之一，以及中央各屆全會，中央常務委員會議，中央政治會議歷次推任審查會議中各議案之審查委員等爲數甚多，均未列入。	

屬政治方面

46.	民國18年12月	任考選委員會委員
47.	民國19年12月	任中央政治會議委員兼秘書長
48.	民國20年2月	派爲國民會議選舉總事務所總幹事
49.	民國22年10月	任國民政府委員
50.	民國23年7月	任政務官懲戒委員會委員
51.	民國24年10月	任國際問題研究組委員

52.	民國28年2月	任國防最高委員會委員	
53.	民國29年	任二十八年高等考試再試典試委員	
54.	民國29年10月	任國民大會籌備委員會委員	後來三十四年八月與三十六年十一月兩次復任
55.	民國31年	任三十一年第一次高等考試初試典試委員兼三十一年第一次普通考試典試委員	
56.	民國32年	任三十一年第一次高等考試初試典試委員長	
57.	民國32年	任三十二年第一次高等考試再試典試委員	
58.	民國32年	任高等考試及格人員縣長挑選第一次定年及第二次考後挑選委員會委員	
59.	民國33年	任第三十二年第二次高等考試再試典試委員	
60.	民國33年	任派遣國外實習農工礦業技術人員考試典試委員長	
61.	民國33年	任三十三年高等考試再試典試委員	
62.	民國33年	任三十二年高等外交官領事官臨時考試再試典試委員	
63.	民國35年1月	任政治協商會議本黨代表	

64.	民國35年	任三十四年高等考試再試典試委員	
65.	民國35年10月	任國民政府直接遴選為國民大會代表	
66.	民國36年	任三十五年高等考試再試典試委員	
67.	民國36年4月	任中央政治委員會委員兼秘書長	
68.	民國36年8月	任憲政實施促進委員會委員	
69.	民國37年5月	選任立法委員並立法院副院長	
70.	民國37年12月	任行政院政務委員	
71.	民國39年	任總統府資政迄今	

屬文化教育方面

72.	民國20年2月	任國立暨南大學董事	
73.	民國21年11月	位特種教育委員會委員	
74.	民國23年6月	任中國童子軍理事二十九年五月兼任理事長	

75.	民國27年1月	任教育部部長兼國立音樂院院長並於三十一年八月兼任國立編譯館館長	
76.	民國59年	任中華文化復興推行委員會副會長	是時會長為先總統蔣公復由嚴前總統家淦先生接任迄今
77.	民國60年	選任中華民國孔孟學會理事長迄今	
78.	民國60年	任私立中國醫藥學院董事長迄今	
79.	民國62年	任師大、政大、文大三校博士班合併授「人理學」課十餘年（內有韓國學員二十餘人）	

屬經濟方面

80.	民國17年2月	任國民政府建設委員會常務委員並於五月派兼秘書長	
81.	民國17年11月	任中央財務委員會委員	負責整理中央財務二十四年十一月復任
82.	民國18年1月	任國民政府導淮委員會常務委員	二十年該會改組仍任原職
83.	民國19年8月	任中央政治會議財政組委員	二十五年一月與三十六年四月先後兼任中央政治會議財政專門委員會委員

84.	民國22年10月	任全國經濟委員會委員與該會所屬之棉業統制委員會委員	三十六年五月續任全國經濟委員會委員
85.	民國23年8月	任土地委員會主任委員	
86.	民國24年5月	任資源委員會委員	
87.	民國30年4月	任建設專款審核委員會主任委員	
88.	民國36年4月	任經濟改革委員會主任委員	
89.	民國38年	任加強公債勸募工作委員	

屬社會方面

90.	民國20年2月	任上海民國日報董事	
91.	民國23年3月	任中央宣傳委員會電影事業指導委員會常務委員	
92.	民國24年7月	任中央美術陳列館籌備委員會委員	
93.	民國27年4月	任中央社會部部長	

94.	民國32年10月	任正中書局董事長	
95.	民國36年1月	任中央日報董事長	三十九年出國改任常務董事迄今
96.	民國38年7月	任臺灣同盟會老同志林公熊徵學田基金會董事長迄今	
97.		任哥倫比亞大學高級研究員三年。	五十九年在美未返國前
		五十九年任中華文化復興運動推行委員會副會長，六十年被選爲孔孟學會理事長，同年任私立中國醫藥學院董事長	上三職在文化教育方面已列，因與社會有關故重列未叙目次
98.	民國62年12月	任中國醫藥研究發展基金會常務董事，七十五年三月任董事長迄今	
99.	民國68年	任中正紀念堂管理委員會委員	
100.	民國70年1月	任中華文化復興運動推行委員會推廣梅花運動委員會主任委員	
101.	民國72年2月	任潘公展先生獎學金董事會董事長迄今	
102.		任北洋大學校友會會長多年	
103.	民國59年	任政大校友會副會長	

(二)服務國家社會之重要事項

屬軍事方面

1、軍隊清黨工作

2、與蘇聯訂互不侵犯條約

3、與中共代表交涉共同抗日

4、去新疆洽商供應汽油運送俄武器來華使用

5、令丁默村于日本投降時完成三件事

屬黨務方面

6、提案取消黨內一切小組織，及CC名稱之由來

7、用人惟才以不分彼此爲先

8、審查與簽擬會議案件

9、積極徵求黨員

10、偵破汪精衛被刺案

11、婉辭聯合國代表等六職

屬政治方面

12、小心處理中央政治會議案件

13、中央政治會議下各專門委員會之各案

14、協助營救　蔣公在西安事變脫險計謀

15、反對新鹽法

16、交涉蔣經國回國

17、與德大使陶德曼談調停中日戰爭事

18、應世界道德重整會之邀請

19、晉謁馬歇爾國務卿

20、應美國國務院之邀請，講述大陸淪陷之原因

屬文化教育方面

21、戰時教育綱要之擬訂

22、教育行政效率之提高方法
23、兼顧淪陷區的學校教育
24、教科書之編審辦法，信任專家、自任其難
25、解決交大學生肇事案
26、任命　蔣公爲中央大學校長
27、任中央訓練團講師之榮寵
28、擴展社會教育，變成「統制思想」
29、處理政校風潮
30、中央圖書館設立與善本書籍搜購及保存
31、任師大、政大、文大聯合博士班教授十餘年

屬經濟方面

32、得用其所學之一瞬那
33、動員本黨黨員作全面土地調查
34、財務處理之公開與公平方法
35、三民主義之財經政策

屬社會方面

36、救活同學陳範有
37、養鷄經過
38、與湖林城諸農友共組中國食品公司
39、助哥大建立「中國近代史研究組織」

屬軍事方面

一、軍隊清黨工作

共黨與本黨合作，始終未具誠意，在民國十六年春由於北伐軍節節勝利，佔領上海推進南京時，卽圖有所阻撓，汪精衞與陳獨秀發表聯合宣言，前往漢口參加共黨所組織之反動政府，造成寧漢分裂之局勢。本黨政府建都南京，乃決議清黨，我奉命任軍隊清黨委員會委員，積極展開清黨工作，鞏固北伐戰力，是時老同志（多數爲中央監察委員）均來歸隊協助，而共黨在漢口之僞組織，亦卽瓦解。我後十七年三月任兼中央組織部調查科主任，二十四年五月兼任軍事委員會調查局局長，均屬注力與共黨鬭爭之重要工作。

二、與蘇聯訂互不侵犯條約

民國二十四年九月周恩來致函先兄果夫與我二人；表示願追隨　蔣委員長共同抗日，其意旨在希望我方停止勦共，此舉顯爲蘇聯所授意，以達成蘇聯自保之企圖，此函呈　蔣公閱後，即派我赴蘇，並先口頭答復周恩來允予考慮，赴蘇之行，與張冲同志乘德國郵輪「朴次登」號前往，至爲倉促而秘密，蓋事機萬一洩漏，將加速日德之夾攻，後來日本見我若干次稱病未出席中央會議，誣稱我已去蘇，以試探之，蘇懼，我乃奉命返國與俄大使鮑可莫洛夫在南京交涉，鮑氏稱，軍事同盟將於蘇不利，蓋一旦日軍侵華，蘇依約須助戰，而若德國乘時攻蘇，蘇將兩面受敵，故不如另作他圖，我乃以互不侵犯條約之訂爲商，所謂互不侵犯者，意在於中日戰爭中，使蘇勿助長中共以擊我耳，當時我問鮑氏曰：「一個三民主義的中國與一個共產主義的中國，孰於蘇有利？」鮑氏對此一問，至爲驚奇，蓋當然以後者爲有利，我告之曰：「一個五億人口之共產政權，會聽兩億人口之共產政權指揮嗎？」鮑氏聞之大有驚悟，以此語報告其政府，以後即討論軍援問題，鮑氏筆錄每種軍援之數量，我取而作爲證據，交由張冲同志赴蘇作具體交涉，後來即經由新疆運來我國之蘇聯武器以助戰也。互不侵犯條約商議成功後由當時外交部長王寵惠與鮑大使正式簽字於民國二十六年八月二十一日發表之。

三、與中共代表交涉共同抗日

蘇俄之意圖既明，則中共之就範自在意中，遂奉命進而與中共之代表周恩來及第三國際代表潘漢年商討共同抗日之條件與宣言，其條件有四：原文如下：

㈠為實現三民主義而奮鬥；㈡取消一切推翻國民黨政權的暴動政策及赤化運動，停止以暴力沒收地主之土地政策；㈢取消現在蘇維埃政府，實行民主政治以期全國政權之統一；㈣取消紅軍名義及番號改編為國民革命軍，受國民政府軍事委員會之統轄並待軍出動擔任抗戰前線之職責。

其宣言於抗戰爆發後民國二十六年九月二十一日發布。

四、去新疆洽商供應汽油運送俄武器來華使用

在抗戰發生後，我被派往新疆與盛世才督辦商洽供應汽油從阿拉莫都至哈密各站，俾飛機、大砲、唐克車、高射砲等武器，得陸續運來，以供使用，此行任務，圓滿達成。民國二十七年二月二十八日漢口第一次空戰，我軍擊落日機十二架，即由蘇聯經新疆運來飛機，與我英勇之空軍

所造成之戰功，戰後我獲得空軍勛章一座，爲吾國文人中獲得軍事勛章之第一人。

五、令丁默村于日本投降時完成三件事

漢奸丁默村原在我下面任調查統計第三處處長，後來我任教育部長，第一處改稱中央黨部調查統計科由徐恩曾主持之，第二處改稱軍委會調查統計局由戴笠主持之，第三處取消，丁遂隨周佛海投汪精衞做漢奸，被汪重用。在日本將投降時，丁任浙省主席，周任行政院長，上海市長則由李俊龍擔任，我命令丁，若彼能做到下列三件事，則可免其一死，㈠把握住南京、上海、杭州三據點，㈡滬寧、滬杭兩鐵路由彼所能指揮之僞軍據守，㈢協助我第三戰區顧祝同部隊迅速開入上述三地區，毋使共黨新四軍搶先進入，以上三點，彼完全做到，我遂簽呈　蔣公，免丁死罪，但後來丁不自檢點，在南京監獄藉病外出，在玄武湖遊玩，由報紙刊出，蔣公見此新聞大怒，遂命令殺之。

屬黨務方面

六、提案取消黨內一切小組織，及CC名稱之由來

北伐軍事完成後，我與先兄果夫提案主張取消因應在軍閥下秘密工作所需要之黨內一切小組織使本黨內部大團結，經全會通過，中共認爲此舉與彼等不利，蓋無挑撥離間機會矣，遂暗中勸導北方諸小組織首領，不要上中央的當而取消其小組織，並誣中央自身有小組織，名曰中央俱樂部（Central Club，簡稱CC），CC之名，遂由此而來，後經我去平津向興中會實踐社，大同盟諸領導者說明後，均分別登報取消，惟中共仍堅持用CC之名稱以分化本黨，後來我任中央秘書長，先兄果夫任組織部長，中共又改稱CC代表兩陳（Chen），用心殊毒，本黨同志之有求未遂者，亦沿用之，此一有名無實之CC，遂變成弄假成眞不脛而走之稱謂矣，可嘆！

七、用人惟才以不分彼此為先

我用人跟別人不一樣，我每到一個機關，不大願意自己帶人去，像我民國十八年初當中央黨

部秘書長，我只帶一個人去，他幫我處理私人信件，其餘都是老人。我認爲一個人能指揮別人，也是他的本領，爲什麼只有自己帶去的人才能用呢？假如到了一個新機關，所有的人都能聽我的話，我爲什麼不高高興興的做呢？所以我覺得一個人能獨來獨往倒是很好，那些人本來就屬於那個機關的，不屬於我的，何必來來去去拖了一大堆人呢？到現在爲止，以前（民國十五年）的機要科人員還來看我，做過我部下的人，都和我感情很好，我也不擺架子，我做部長，比人家先上班，比人家後下班，我一生中服務以身教爲重。還有有時自己的本事也是表現給人家看一下，用不着太客氣，要走在人家前面，盡了自己的能力和責任，當然也需要人提拔你，可是你自己條件不夠，人家提拔你也不行，人要能自立。

八、審查與簽擬會議案件

自民國十八年六月至三十六年三月中央執行委員會各屆次全會，除二十九年七月五屆七中全會奉命視察西北教育，與三十二年九月五屆十一中全會奉命督導湘贛等省青年夏令營因公請假未出席外其他各全會我均參加，所有各屆次全會被推任爲各項提案審查委員並召集人，經簽擬審查案件甚多，其犖犖大者：如民國二十一年三月四屆二中全會簽擬審查國難期間臨時黨務綱要案，民國二十四年十一月第五次全國代表大會簽擬審查第四屆中央執監兩委員會工作報告案與簽擬第五屆中央執監委員名額及選舉方法案，民國二十五年五屆二中全會與二十六年五屆三中全會兩次簽擬審查中常會及組織，宣傳，民衆訓練三部工作報告案以及民國二十八年一月五屆五中全會與二十八年十一月五屆六中全會兩次簽擬審查敎育報告案等，至在出席歷年來中常會時，推任審查委員審查會議中討論之案件爲數亦多，不及贅述，此爲我從事黨務工作殫盡心力較深之處也。

九、積極徵求黨員

我自民國十九年六月至三十四年四月十五年間協助擴大徵求黨員至五百餘萬人，多在第三、四、五屆中央常務會議中與各中央委員一至二人介紹者，其中三十年十一月至三十四年四年間，由組織部函送介紹入黨整個名冊人數內有二三百人者多件。

一〇、偵破汪精衛被刺案

民國二十四年十一月一日四屆六中全會開會前謁　總理陵，然後回中央黨部攝影留念，是日　蔣公靈感不參加攝影，而在攝影時，突然有人槍擊汪精衛，彈中背脊骨而受重傷，兇手孫鳳鳴當場被衞士槍擊重傷次日斃命（孫係南京晨光通訊社記者），汪夫人陳璧君同志在黨部公開揚言，此舉必爲蔣介石所主謀，否則何以獨在此次會議不參加攝影，兇手之擊斃爲滅口耳。　蔣公受此嫌屈難以自解，遂命我設法從速破案，我乃命徐恩曾與戴雨農兩調查組織依我的指示以破此案，我從兇手口袋中所搜得之名片一張（非兇手本人之名片）着手在黨員卡片中推衍線索，竟於五天內捕獲兇手之同謀者五人交由中央所組成之審判小組（陳璧君參加在內）鞫訊，始知殂擊汪者，爲不滿汪之改組派份子所爲，內幕既明，謠諑自止，一場政治風波，自告平息，　蔣公對我嘉勉有加。

一一、婉辭聯合國代表等六職

我出國時，曾向　蔣公呈明今後不再任政府官職，並不登記爲本黨黨員，俾便退思補過。惟蔣公念舊情深，六次由經國同志致函于我，徵求同意出任下列各職：⑴聯合國代表，⑵日本國大使，⑶考試院院長，⑷西班牙大使，⑸希臘大使，⑹巡廻大使，我均婉復辭謝，蔣公並托俞國華同志親自來農場送我浙字第一號黨證，仍欲我歸隊爲黨員，我感其誠意，遂允之，乃蒙發表中央評議委員並兼主席之一。

屬政治方面

一二、小心處理中央政治會議案件

民國十九年我之主要任務爲黨務，惟因兼任中央政治會議委員並兼秘書長，故對於政治方面之重大方針，亦頗知悉，蓋政治方面如軍事大計，立法原則，以及重要政策，均須經過政治會議之決定，再呈報中常會核備後始轉致政府執行，中政會主席爲蔣公，蔣公常有事不能親自主持，由委員中推定一人代理主席，所有議決案件，經主席核定後由秘書長負責處理之，我兼兩會秘書長，至爲小心從事也。

一三、中央政治會議下各專門委員會之各案

中政會之下設內政、軍政、財政、經濟、教育、外交等專門委員會，而各該專門委員會開會時，秘書長亦必列席，以供諮詢及說明，故我對各案，亦必先過目，如有疑問，須先向各部會問明，始可及時因應也。

一四、協助營救　蔣公在西安事變脫險計謀

民國二十五年十二月十二日西安事變發生，中央召開緊急會議決定採取強硬政策，討伐叛逆，同時多方設法營救　蔣公出險。我當夜請杜桐蓀同志立卽去滬尋找第三國際代表潘漢年君進京，潘果來，我卽要求其致電第三國際（卽史太林）大意如下：張、楊事變，全國軍民一致憤慨，請卽去電譴責，援救　蔣公，蓋　蔣公有危，中國將無人領導抗日，日軍可傳檄而定，其同蒙不利者將爲蘇聯，次日又去一電，大意如下：昨電諒達，可否請電毛澤東、周恩來兩人卽設法協助　蔣公脫險，以挽世局。越日回電來略稱：兩電均悉，所見甚是，已去電毛、周照辦矣，我見其復電文後於心稍安，我之所能爲力者，如此而已矣。

一五、反對新鹽法

中國過去之鹽法，採引岸制，卽規定某一鹽場，供應若干省區，因產鹽成本，差別甚大，若無劃區計劃，則成本貴者將無法生存，而鹽乃爲人民生活所日用必需品，保護鹽場之生產，卽所以保護人民之生命也，不料民二十六年春若干立法委員提出新鹽法之立法原則採自由買賣，取消引岸制，經立院送請中央政治會議審核，小組會主席爲汪精衞同志，我起而反對，問曰：「請問，中日戰爭能否避免？一旦爆發將在何處爲最可能？」答曰：「恐難避免，一旦爆發，在華北之可能性爲最大。」我曰：「新鹽法若實施，祇有天津之長蘆鹽場能存生，因其生產成本僅每斤八分，浙江鹽場，需兩角五分，江蘇鹽場，需兩角七分，福建需二角八分，四川則超過三角，自由買賣以後，則除長蘆外，全部都被淘汰，一旦日本軍隊佔領天津，控制鹽運，則我們除投降外，還有什麼辦法？所以我根本反對新鹽法。立法委員還要爭辯，我要求退席，聲言將在大會繼續反對。後來新鹽法沒有通過，中日戰爭爆發，四川自流井及福建鹽場，供應後方食鹽，鹽民知此消息者，對我非常感激。

一六、交涉蔣經國回國

我奉命與蘇俄大使鮑可莫洛夫交涉訂立互不侵犯條約，旨在中日戰爭中，蘇俄不可助長中共，以減弱抗日力量。事成，我告鮑大使，我兩國既恢復友好，貴國不應再將吾國領袖之子留在蘇俄，宜早日遣送返國，此舉我事前未徵得　蔣公同意，蓋我猜測年高之　蔣公心中必深盼有子在側，而我亦得早卸仔肩也。

一七、與德大使陶德曼談調停中日戰爭事

抗戰未久，日軍誤擊外國兵艦，德國乘機派陶德曼大使出面調停，如此時能改變日軍戰略，亦未始非一機會，陶德曼來見，我告以調停戰爭，除非有一大計劃以代之，否則不易成功，我乃將我之中、日、德三國聯合攻蘇計劃告之，彼頗以為然，遂轉電其政府，惟未待得其復示前，而日軍又大舉進攻矣，殊為可惜，陶氏之調解遂告失敗。（詳見《回憶錄》）

一八、應世界道德重整會之邀請

民國三十七年五月行憲，孫科與我分別被選爲立法院正副院長後，世界道德重整會創辦人卜克門博士熱愛中國，特以四十五位美國參衆議員名義邀請我組團代表參加該會在洛杉磯舉行之大會，我偕內子及羅時實、胡健中、艾倫兄等前往。我在會中作講演，闡述該會之宗旨與我國文化之所重視者，幾乎完全相同，使參加開會之各國代表，得以了解中國文化之精義，頗收效果。蔣公順便派我赴英、美考察「民主政治之施行」，並備函介紹晉見美國政府及議會中諸領袖人物，諸如杜魯門總統，杜勒斯前國務卿，各部部長及兩黨領袖，均由道德重整會代爲安排約晤馬歇爾國務卿，我藉以說明中共之圖謀，及美援之急需，馬氏並願幫助，效果甚佳。後來並去英國及瑞士參加道德重整會，晉見英國政府及議會領袖若干人，對於民主之施行，所獲不少。

一九、晉謁馬歇爾國務卿

我去歐美謁見政府及國會首要均持有　蔣公之介紹函，惟獨謁見馬歇爾國務卿則無介紹函，幸我在國內曾與馬將軍暢談四小時，馬將軍離華時，我獨發表談話，以示感謝與遺憾，故彼對我印象甚深，且對我甚爲友善，馬與霍夫門歡宴重整會代表，我代表該會致謝詞，故馬氏已知我已抵美，故我非托大使館請拜見馬氏不可，請見函上，馬正在檢查身體，出院第一個客就見我，顧大使陪同晉謁，規定時間二人共爲半小時，其結果談了一小時十五分，馬氏態度非常和善，並立即召其所屬謂我所需有關民主制度之資料，儘量供應，可見外交工作，全賴有人去努力，不可忽也。

二〇、應美國國務院之邀請，講述大陸淪陷之原因

我初到紐約不久，紐約上海午餐會請我講演中共問題，該會會員均爲曾在中國上海住過及做事者之組合，其中有 N. F. Allman 者與我相識，遂代國務院邀我去華府，作兩天的講述大陸淪陷之原因，地點在 Shenfon Hotel，我之講詞，後來被國務院印發各國使領館作研究中國問題之參考資料。數年後，我又被邀去過一次作講述當時兩岸情況，彼等認定我爲反共最力人物，故願聽之，我因國務院內共黨勢力不小，故亦樂以使知我方之意見，不能任彼等祇聽一面之詞也。

屬文化教育方面

二一、戰時教育綱要之擬訂

我初任教育部長時，即草擬戰時教育綱要凡九項及其實施要點十七目送請國民參政會通過，再由政府加以公布，遂成爲戰時教育實施之最高準繩，依此實施，不必事事請示矣。

二二、教育行政效率之提高方法

我任教育部長期間，工作效率很快，我辦公方法和人家不一樣，每天早上八點上班，我八點以前就到了。八點開會，司長們要參加部務會報，所有司與司間的問題當場討論解決，所以每天早上在上班以前，就把重要問題先解決了。各機關的上班簽到往往是虛僞的，有些人會找人代他簽到，照我的辦法，我部長一到部，司長一定到；司長一到，科長也一定到；科長一到，科員也一定到，這樣一來，不用簽到，大家一定按時上班。在處理公事上我也有一套辦法，見創造類四項不贅述。所以在抗戰期間，教育部的公文最爲迅速。在臺北我曾寫信給市長，爲交通問題，結果將近一個月回信才來，信上僅說：「你的信我已經交工務局處理了」，也沒有說明處理情形，本來一天半可做好的事，卻要一個月，我也是學工程的，對效率是非常講究的，市長後來爲此事向我道歉，這於事何補？

二三、兼顧淪陷區的學校教育

在抗戰期間，淪陷區方面，在北方尚有許多學校，如燕京大學、輔仁大學在北平沒有撤出來，我們就請燕京大學校長司徒雷登就近照顧，因爲他是美國人，可以從北平經香港飛到後方來，所以我們就託他，負責北方學校的聯繫（其中尚包括許多天主教辦的學校），政府並供應這些學校的經費，司徒雷登等於我們教育部和淪陷間的「特使」。于斌當時任南京區主教，他到美國去爲我們政府宣傳抗戰，他和我也很友好，他並到了美國福特漢大學，這是一所在紐約的天主教大學，規模也很大，所以這所給了我一個名譽法學博士學位，因爲抗戰期間在淪陷區的天主教學校，我們教育部仍在照顧他們，這個學位就是因爲感謝我幫助淪陷區的天主教學校，同時在大後方的教育也辦得很有成效而頒贈給我的。我當時不能離開重慶，這項榮譽頒獎，是由美國顧維鈞大使代表我接受的。由以上事實可證明我們抗戰期間，不僅大後方教育辦得很上軌道，甚至連淪陷區的教育也顧到了，這也是抗戰期間值得一提的事情。

二四、教科書之編審辦法，信任專家、自任其難

抗戰時，後方中小學教科書很缺乏，由於後方紙張買不到，而且很多書局像商務，中華都沒遷到後方，編書時，我們先把必需要的書編好，例如國文、歷史、地理、公民各請專家選編，大家不願編的我們請人來編，編好了再請專家審查，印書時照規定印，印好之後由教育部運送到各省書局去賣，凡是困難的事教育部來做，容易的事大家做。後來蔣夢麟校長對我稱讚說：「我想不到你做教育部長做得那麼好！」我回答說：「我所以有小小的成就，就是我相信專家。」我所請次長、司長，以及學術審核委員像胡適之、吳稚暉、蔣夢麟、梅貽琳諸先生都是學者專家。

二五、解決交大學生肇事案

抗戰期間，交通大學也遷至重慶附近，校長是吳保豐，有一天，交大學生乘船至重慶來玩，

返校途中要乘船行駛一段路程，學生正忙着搭船，而船卻已開動，學生們搶着跳上去，船伕堅持不准，雙方起爭執，在憤怒與混亂中，學生們將一名維持秩序的警察綁架至交大藏在防空洞裏，警方知道了，非常惱怒，便包圍了交大，憲兵也參加包圍的行列，還開了槍，於是事情鬧開了。交大學生爲了和軍警人員對抗，便向重慶各大學請援，當時重慶大學生，中央大學的學生都準備互相響應。我看情形不對，第二天就到了交大，那些鬧事的學生也很狡滑，他們的簽名是簽個圓圈形狀，使你從簽名上查不出誰是主使人。那天剛好是肇和起義紀念，我就從肇和起義說起，次及昨日船上之糾紛，分析學生與警察各有不對之處，我說大丈夫做事，不應鬼鬼祟祟，既欲做領袖，就應挺身而出，將手舉起來，所謂：「君子之過也，如日月之蝕也，過也，人皆見之，更也，人皆仰之。」學生聽了我的話，爲首的五人，均舉起手來，我命此五人，站到前排來，告之曰：「你們幾人，昨日之衝動舉動，幸未釀成大事，今既舉手認錯，我以部長地位，免予處分你們，大家回去上課。」全體聽命回去上課，事遂了結。

二六、任命　蔣公為中央大學校長

某日　蔣公邀我晚餐，經國弟亦在座，　蔣公曰：「全國軍事學校，均由余兼任校長，全國諸大學亦由余兼任校長如何？」我曰：「與其全國諸大學由鈞座兼任校長，則不如由鈞座兼任教育部長，立夫任次長爲愈，文學校不若軍事學校之單純，不易管理也！」 蔣公想了想說：「那麼先以兼任中央大學校長爲試，如何？」我不便再持異議，惟大學校長受命於教部，以 蔣公受命於我，殊不合理，遂想法增設一教育長，調次長朱經農任之，所有公文，由朱具名，經過數月之試驗， 蔣公既乏時間到校，並感文學校之性質及管理與軍校不同，遂不願再兼，由部聘顧毓琇任校長以繼之。

二七、任中央訓練團講師之榮寵

我在重慶任教育部長時，奉 蔣公命擔任中央訓練團講師，授「三民主義哲學基礎」及「戰時教育方針」兩課，每次講畢，學員全體鼓掌歡迎，此乃違反團規，不准鼓掌也，但學員聽得高興，於不知不覺中鼓起掌來，此乃全體學員給我之特殊榮寵也。

二八、擴展社會教育，變成「統制思想」

因各地民衆對社會教育的熱忱，我想把巡廻教育車擴大範圍，使巡廻教育車能多載一點東西，輪流在各國民學校，中心學校放映，不是更好嗎？外國人在星期天以禮拜堂來教育人民做人的道理，我們也可利用星期天，以歷史、文化、衞生，及一般智識來敎育老百姓，以擴展社會敎育及成年補習敎育，這樣效果一定很大。外國人以敎堂爲學校，我們則以學校爲敎堂，剛好倒過來，我當時擬定了施行計劃。有一天美國新聞處處長費正淸卽將返美，他到教育部來看我，那時我的計劃剛剛印好，就拿了一份給他，此時戰爭已近尾聲，我對他說：「美國有許多剩餘物資，你回去可否幫個忙，送給我們一些社教工具？」這位思想左傾的，後來處心積慮幫助共黨要打擊我們政府的哈佛大學教授費正淸，看完我的計劃書後說：「你這樣子做是不是要把三民主義傳播到最低層的民衆去了？」我說：「是呀！我們就是要使一般民衆了解我們立國的主義呵！」他曉得我若能實行這個計劃，效果一定很大。我要求他說：「你回美國，想辦法幫我們弄到兩百架手搖電影機，兩百架幻燈機，以及錄音唱片，凡是具有教育性質都可以，請你給我幾十套，我可以到各地巡廻使用。」他怕我這項計劃實行之後宣傳的力量太大，而威脅到共產黨的發展，因此他一回到哈佛大學後，就開始造謠打擊我，他並在哈佛聯合一些思想左傾的中國人，發起一個運動打擊我，說我是「思想統制」，哈佛大學在美國輿論界深具影響力，我做教育部長，共產黨不易活動，因此他們想把我打倒，這件事越來越擴大渲染，幾乎美國所有報紙都刊登着：「陳立夫思想統制」，我也發表一段談話，我說：「思想怎麼能夠統制？上帝也不能統制人類的思想！我陳立夫又怎能統制別人的思想？我主要的是辦教育，是根據我們國家的國策和方針來辦的，他們完全是誣衊我，有作用而毫無根據！」他們渲染好幾天，這次風潮才過去。不久國民大會要召開籌備會，蔣公對我說：「不是爲這次風潮的事，而是因爲國民大會要辦選舉，你要回組織部去幫他們辦理。」我想我做教育部長已近七年了，於是就向　蔣公提出辭呈，他要我和朱家驊對調，對調之後，朱家驊任教育部長，而我又回到組織部了。

二九、處理政校風潮

蔣公原爲中央政治學校（現已改爲政大）校長，丁惟汾同志爲教育長，先兄果夫任教務主任，爲時甚久，出力亦最多，我雖亦參加校務委員，僅擔任三民主義一課之教師及講演唯生論而已。抗戰開始，政校首先遷移牯嶺，我被校長任命爲代理教育長，不數日又被派往新疆與盛世才商洽佈置汽油於各站由阿拉莫都至哈密，以便蘇俄軍援物品得運送過來，以應所需，故教育長僅居一名義而已。隨後學校由牯嶺一遷至湘西再遷至重慶小溫泉。抗戰末期，政府號召十萬青年從軍助戰，政校學生亦紛紛投筆從戎，及勝利還都，蔣公復命經國同志組織中央幹部學校，先兄果夫認爲與其另起爐竈，何不請經國同志擔任政校教育長，簽呈蔣校長，數月不見批復，一旦此一簽呈批可，交教育部長朱家驊辦理，朱不先與政校先兄或我打個招呼，俾有所準備，而忽然發表經國同志爲教育長，政校學生聞此消息起而反對，滿校貼標語拒之。蔣公召我去，告以此事，我始知之，乃立即赴校召集全體學生訓話，學生認錯，事乃平息，惟誤會已成，學生雖往謁經國同志勸駕，不允就職。後來發現此舉爲參加青年軍之學生受共黨挑撥而起，雖可解除誤會，惟已遲矣。後來 蔣公仍將兩校合併爲一。

三〇、中央圖書館設立與善本書籍搜購及保存

中央圖書館於民國二十五年獲得管理中英庚款董事會補助一百五十萬元作爲在南京建築館廈之用。惟該補助費係由庚款利息購料還款中撥款，須陸續發給，且須需用時請撥，事前更須經教育部核准。在京時爲購成賢街中央研究院總辦事處作籌備處房屋，曾支領八萬餘元，徵購國府路小筆土地及組織建築委員會，請由戴季陶先生任建委會委員長，徵求圖樣等曾支領二十餘萬元，其後在京人員避難入川，運輸圖書，皆由此款支付，抵渝爲長期抗戰，頗需時日，又呈准教育部

在重慶兩浮支路興建重慶分館，動用建築經費十七萬餘元。二十九年重慶分館建築完成，卽於八月一日正式成立國立中央圖書館，開放閱覽，任命籌備處主任蔣復璁爲首任館長，抗戰期間所有文化活動，均在該館舉行，貢獻甚大。至搜購淪陷區善本圖書，該館籌備處在京時經費每月僅有四千元，抗戰之初曾減爲一千元，我任教育部長後，逐漸恢復原數。二十九年正式成立，始定爲每月一萬元，然亦僅供辦公之用，實無餘款供採購善本圖書，而西南亦並無著稱之藏書家可以採購。該館曾在宜賓購到中文普通書一批，約萬餘册，僅可供日常之用。其時淪陷區藏書家以生活艱困，所珍藏之善本圖書，多不能保存，紛紛流入市肆，滬上文教界函電教育部及管理中英庚款董事會，請迅速採購，以免流入域外。中英庚款董事會董事長朱騮先先生主張以庚款會補助中央圖書館未用之建築餘款，作採購淪陷區善本圖書之用，徵得我之同意，共同辦理，英庚款董事會約付一百二十餘萬元，教育部撥給專款二百數十萬元，均逕滙陷區支用，先派籌備處蔣主任至香港與英庚款董事會董事葉譽虎先生接洽，由其負責採購廣東流出之書，至上海與暨南大學校長何炳松先生負責採購京、滬、平、津方面流出之書。在上海購得之書先由郵包分寄香港在港大成立之辦事處，曾用空運寄至重慶一次，以運費昂貴作罷，積存在港之圖書有一百餘箱，擬運美國託存美國會圖書館，蔣主任恐有疏失，爲便於識別，主張蓋章，經我同意辦理。後先於日軍佔領香港書被運走，又於戰後經我駐日軍事代表團顧問顧一樵先生在日本東京帝國圖書館發現，全數運返南京，嗣由京運臺圖書，其中一百餘箱卽爲此批圖書，尙爲香港原製之箱，亦云幸矣。三十五年該館以抗戰結束還都，重慶分館厦暨中西文圖書與設備等均移交國立羅斯福圖書館。三十七年以共匪叛國，奉教育部令疏運善本圖書至臺，共計十二萬餘册，其中有宋本、金本、元本、明本、清代刊本等，自來珍藏書目，其繁富宏博，似未有逾於此者，這些都是抗戰期間採購之善本，亦有一部分係抗戰後所接收者，從前閱一善本，良非易事，今日中央圖書館，故宮博物院及中央研究院皆富於此類藏書，隨時可以取閱，較之前人爲幸多矣，而中央圖書館更建築一宏偉之圖書館，在東南亞亦爲可數之圖書館巨構，國家復興文化，不遺餘力於此可見也。

三一、任師大、政大、文大聯合博士班教授十餘年

民國五十八年我初返國定居，應某一學術團體之邀請，講述「中國文化之精義」謂所有經籍都著重在如何做人及做事，故可稱之曰：「人理學」，師大遂聘請我對博士班教授「人理學」一課，後來政大及文大亦致聘，教博士班以此課，遂合併三校於師大教之，連續教了十餘年，及年齡八十五歲始退休，由於此課爲我所首創，學員至感興趣。

屬經濟方面

三二、得用其所學之一瞬那

民國十七年張靜江先生任國民政府建設委員會主任委員，我被邀參加任常務委員兼秘書長，因黨務工作太忙，故爲時不久卽辭去秘書長，由曾養甫兄接充。在任內曾做了幾件重要的事：㈠派陸子多採鑛工程師恢復被水淹沒之浙江長興煤鑛及安徽之烈山煤鑛，生產恢復正常後，歸還原主，此爲我一生用其所學之唯一成就。㈡代江蘇之戚墅堰電廠在技術管理方面爲之整理，使之轉虧爲盈。㈢請水利專家李儀祉先生會同德國專家赴淮河流域察勘，以決定以後導淮工程應採用之方針。㈣計劃杭江鐵路之建築，開始籌劃測量工作之進行。

三三、動員本黨黨員作全面土地調查

民國二十三年一月中央政治會議研究討論有關土地問題各案，業經決議由全國經濟委員會、內政部、財政部合組土地委員會先將各省市土地實況於六個月內爲比較的系統之調查再行報核，

並於同年八月中央政治會議第四百十九次會議推任我爲土地委員會主任委員。我奉命後，即組織成立土地委員會，著手組織人事，請張廷休、高信兩同志襄助，動員全國各縣市同志，完成全國土地調查工作，其所有之統計資料，以之供應立法院制定土地法及臺灣土地改革之參考。本黨自有組織以來，動員黨員爲政治宣傳及行動而盡力，乃屬常事，惟爲經濟政策，搜集實施材料以作立法之依據而動員黨員，則以此土地委員會之土地調查爲創始，其範圍包括二十二省八百十餘縣之廣，其時間連統計工作在內，佔一年又三個月，動員黨員親自下鄉工作逾五千人，我當時年僅三十四，苟不兼任本黨組織部長，決不能擔任此一艱鉅任務，苟非全體同志之戮力從公，亦決不能順利完成此一偉大計劃。

三四、財務處理之公開與公平方法

我過去在任何機構任事，非常注意財務之清楚，在教育部時間較久，對於處理財務，尤其要比別的機關更有條理，總務司長蔣志澄非常能幹，而且廉潔可靠，對我的作法，非常同意，那就是每個月把帳目清結一次，每半年舉辦「假交代」一次，這樣一來，管帳的單位隨時可把帳目交出來，政府主計處並派人監視「假交代」。我是三十三年十一月底離開教育部的，共七年差一個月，以往十三次辦「假交代」，現在要辦眞交代就非常簡單了。接我部長職的是朱家驊，因爲以前的帳目，每半年都有了交代，這五個月的帳目，我幾天就辦好了，朱家驊當時很驚訝，認爲我七年部長的工作帳目怎麼會在幾天之內就辦好了呢?前任部長爲王世杰，我是接他的事，他的總務司長是雷震，辦了半年多，帳目才辦清楚。我離職時，不僅帳目很快交代清楚，還把朱家驊新上任後的領款公事都替他辦妥，他當時深感意外。我做事不僅要求效率，而且錢也弄得清清楚楚，尤其是公家的錢，一分也不能弄錯，教育部經費很不少，在開會時看學校的需要而分配經費，我對財務是公開的、公平的，我都用開會方法來處理，並請專家公開參與，因此我做教育部長，大家都說我是最民主的部長，而其最特別者在滙兌交通最困難情況下，使全國各學校於每月三日同一天領到本部發給之經費，俾無怨言。後來知道美國社會保險支票於每月三日全國受益者同時收到，與我之想法做法不謀而合。

三五、三民主義之財經政策

民國三十五年七月我奉命在上海平息各界對財經措施之不滿，曾發表「三民主義之財經政策」演講，引起宋子文院長之誤解，派蔣秘書長夢麟上牯嶺向　蔣公控告，　蔣公來電囑我對財經意見不宜向外發表，我乃持演講文晉謁宋院長請其閱讀一遍，始知我所言者爲財經方針之不適宜中國，因以往一切均沿用帝國主義者之制度而來，行之已久，實替宋辯護，宋始諒解。次日邀集上海財政工商各界領袖在中央銀行請我講述「三民主義之財經政策」一小時半，宋在座靜聽，結論爲：「立夫兄所講者很有見解，請大家切實研究之。」宋先生能虛心聽講，爲其生平第一次，後來彼亦參加並出席經濟改革方案會議殊屬難能可貴。

屬社會方面

三六、救活同學陳範有

正值奉直戰爭發生之際，天津戒嚴，北洋大學位在郊外西庫，某晚我之好友陳同學範有忽患霍亂吐瀉，面無人色，而校醫不在校，同學均束手無策，我忽然想到月前在天津圍城馬路地攤上購得一本《萬事不求人》，急查閱之，得一驗方曰：「以同量之鹽（焙乾）與礬煮湯飲之，可止霍亂。」我立卽照方備好，使陳兄服之，功效立見，遂救了陳範有兄。

三七、養鷄經過

我離國再度去瑞士參加世界道德重整會後，即赴美國退休，因以往廿五年，其工作對象爲人事，至爲厭倦，其時老友胡定安欲至湖林城（Lake Wood, N. J.）養鷄，而小女澤容亦正考取該城之 Georgian Count College 就讀，遂遷居該地與胡兄合辦鷄場，可養五千只鷄，其時蛋價甚高，可以獲利以供生活，因之向志友若干人，共借貸美金壹萬元，連自有之四千元及胡兄之四千元共一萬八千元，購一價値四萬七千元之鷄場，Mortgage 定爲十年，還淸訂約後，一切順利，後來美國東西大道一通，西蛋東來，蛋價大跌，難以維持，且逢大火始歇業，另作他圖。

三八、與湖林城諸農友共組中國食品公司

養鷄事業結束後，撰寫《四書道貫》，有暇則與湖林城諸中國農友共同組織中國食品公司，由內子任董事長，沈士華、葆毅兩先生助之，我亦參加製造工作。所製的食物，有辣椒醬、湖州粽子（甜鹹兩種）、年糕、蝦仁蛋炒飯、皮蛋、鹹蛋等，其中以辣椒醬與粽子爲最出名，他人並冠之以立夫之名，生意興隆，勉可糊口。我與士華兄時常開車送貨至紐約中國城諸店，並不視之

為賤職，而以自食其力為榮也。

三九、助哥大建立「中國近代史研究組織」

紐約哥倫比亞大學經濟學教授何廉與我極友善，邀我接受「哥大高級研究員」名義，藉以協助韋爾伯（Wolbur）教授建立「中國近代史研究組織」，聘夏小姐蓮英（Julie How）及唐德剛君二人任採訪錄音，先以我之《回憶錄》第一章，作樣品向福特基金會請款補助，事成，遂向我、顧維鈞、孔祥熙、陳光甫、李宗仁、曾琦、張發奎等人採訪《回憶錄》資料。夏小姐以我較其他諸位為年輕，故做了一年，先去香港做留港諸人，不料他人之材料多半整理成功而未將我之材料整理而離職，出嫁與泰國華僑，不久逝世，使我之《回憶錄》半途而廢，須重請人再錄寫，幸有張修蓉及胡有瑞女士來幫助錄音，惟迄今猶未完成（約二十萬字）定稿，殊可惜也。

滄海叢刊已刊行書目(八)

書名	作者	類別
文學欣賞的靈魂	劉述先	西洋文學
西洋兒童文學史	葉詠琍	西洋文學
現代藝術哲學	孫旗譯	藝術
音樂人生	黃友棣	音樂
音樂與我	趙琴	音樂
音樂伴我遊	趙琴	音樂
爐邊閒話	李抱忱	音樂
琴臺碎語	黃友棣	音樂
音樂隨筆	趙琴	音樂
樂林蓽露	黃友棣	音樂
樂谷鳴泉	黃友棣	音樂
樂韻飄香	黃友棣	音樂
樂圃長春	黃友棣	音樂
色彩基礎	何耀宗	美術
水彩技巧與創作	劉其偉	美術
繪畫隨筆	陳景容	美術
素描的技法	陳景容	美術
人體工學與安全	劉其偉	美術
立體造形基本設計	張長傑	美術
工藝材料	李鈞棫	美術
石膏工藝	李鈞棫	美術
裝飾工藝	張長傑	美術
都市計劃概論	王紀鯤	建築
建築設計方法	陳政雄	建築
建築基本畫	陳榮美 楊麗黛	建築
建築鋼屋架結構設計	王萬雄	建築
中國的建築藝術	張紹載	建築
室内環境設計	李琬琬	建築
現代工藝概論	張長傑	雕刻
藤竹工	張長傑	雕刻
戲劇藝術之發展及其原理	趙如琳譯	戲劇
戲劇編寫法	方寸	戲劇
時代的經驗	汪琪 彭家發	新聞
大衆傳播的挑戰	石永貴	新聞
書法與心理	高尚仁	心理

滄海叢刊已刊行書目(七)

書名	作者	類別
印度文學歷代名著選(上)(下)	糜文開編譯	文學
寒山子研究	陳慧劍	文學
魯迅這個人	劉心皇	文學
孟學的現代意義	王支洪	文學
比較詩學	葉維廉	比較文學
結構主義與中國文學	周英雄	比較文學
主題學研究論文集	陳鵬翔主編	比較文學
中國小說比較研究	侯健	比較文學
現象學與文學批評	鄭樹森編	比較文學
記號詩學	古添洪	比較文學
中美文學因緣	鄭樹森編	比較文學
文學因緣	鄭樹森	比較文學
比較文學理論與實踐	張漢良	比較文學
韓非子析論	謝雲飛	中國文學
陶淵明評論	李辰冬	中國文學
中國文學論叢	錢穆	中國文學
文學新論	李辰冬	中國文學
離騷九歌九章淺釋	繆天華	中國文學
苕華詞與人間詞話述評	王宗樂	中國文學
杜甫作品繫年	李辰冬	中國文學
元曲六大家	應裕康 王忠林	中國文學
詩經研讀指導	裴普賢	中國文學
迦陵談詩二集	葉嘉瑩	中國文學
莊子及其文學	黃錦鋐	中國文學
歐陽修詩本義研究	裴普賢	中國文學
清真詞研究	王支洪	中國文學
宋儒風範	董金裕	中國文學
紅樓夢的文學價值	羅盤	中國文學
四說論叢	羅盤	中國文學
中國文學鑑賞舉隅	黃慶萱 許家鸞	中國文學
牛李黨爭與唐代文學	傅錫壬	中國文學
增訂江皋集	吳俊升	中國文學
浮士德研究	李辰冬譯	西洋文學
蘇忍尼辛選集	劉安雲譯	西洋文學

滄海叢刊已刊行書目(六)

書名	作者	類別
卡薩爾斯之琴	葉石濤	文學
青囊夜燈	許振江	文學
我永遠年輕	唐文標	文學
分析文學	陳啓佑	文學
思想起	陌上塵	文學
心酸記	李喬	文學
離訣	林蒼鬱	文學
孤獨園	林蒼鬱	文學
托塔少年	林文欽編	文學
北美情逅	卜貴美	文學
女兵自傳	謝冰瑩	文學
抗戰日記	謝冰瑩	文學
我在日本	謝冰瑩	文學
給青年朋友的信(上)(下)	謝冰瑩	文學
冰瑩書柬	謝冰瑩	文學
孤寂中的廻響	洛夫	文學
火天使	趙衞民	文學
無塵的鏡子	張默	文學
大漢心聲	張起鈞	文學
回首叫雲飛起	羊令野	文學
康莊有待	向陽	文學
情愛與文學	周伯乃	文學
湍流偶拾	繆天華	文學
文學之旅	蕭傳文	文學
鼓瑟集	幼柏	文學
種子落地	葉海煙	文學
文學邊緣	周玉山	文學
大陸文藝新探	周玉山	文學
累盧聲氣集	姜超嶽	文學
實用文纂	姜超嶽	文學
林下生涯	姜超嶽	文學
材與不材之間	王邦雄	文學
人生小語(一)(二)	何秀煌	文學
兒童文學	葉詠琍	文學

滄海叢刊已刊行書目(五)

書名	作者	類別
中西文學關係研究	王潤華	文學
文開隨筆	糜文開	文學
知識之劍	陳鼎環	文學
野草詞	韋瀚章	文學
李韶歌詞集	李韶	文學
石頭的研究	戴天	文學
留不住的航渡	葉維廉	文學
三十年詩	葉維廉	文學
現代散文欣賞	鄭明娳	文學
現代文學評論	亞菁	文學
三十年代作家論	姜穆	文學
當代臺灣作家論	何欣	文學
藍天白雲集	梁容若	文學
見賢集	鄭彥棻	文學
思齊集	鄭彥棻	文學
寫作是藝術	張秀亞	文學
孟武自選文集	薩孟武	文學
小說創作論	羅盤	文學
細讀現代小說	張素貞	文學
往日旋律	幼柏	文學
城市筆記	巴斯	文學
歐羅巴的蘆笛	葉維廉	文學
一個中國的海	葉維廉	文學
山外有山	李英豪	文學
現實的探索	陳銘磻編	文學
金排附	鍾延豪	文學
放鷹	吳錦發	文學
黃巢殺人八百萬	宋澤萊	文學
燈下燈	蕭蕭	文學
陽關千唱	陳煌	文學
種籽	向陽	文學
泥土的香味	彭瑞金	文學
無緣廟	陳艷秋	文學
鄉事	林清玄	文學
余忠雄的春天	鍾鐵民	文學
吳煦斌小說集	吳煦斌	文學

滄海叢刊已刊行書目㈣

書名	作者	類別
歷史圈外	朱桂	歷史
中國人的故事	夏雨人	歷史
老臺灣	陳冠學	歷史
古史地理論叢	錢穆	歷史
秦漢史	錢穆	歷史
秦漢史論稿	刑義田	歷史
我這半生	毛振翔	歷史
三生有幸	吳相湘	傳記
弘一大師傳	陳慧劍	傳記
蘇曼殊大師新傳	劉心皇	傳記
當代佛門人物	陳慧劍	傳記
孤兒心影錄	張國柱	傳記
精忠岳飛傳	李安	傳記
八十憶雙親 師友雜憶 合刊	錢穆	傳記
困勉強狷八十年	陶百川	傳記
中國歷史精神	錢穆	史學
國史新論	錢穆	史學
與西方史家論中國史學	杜維運	史學
清代史學與史家	杜維運	史學
中國文字學	潘重規	語言
中國聲韻學	潘重規 陳紹棠	語言
文學與音律	謝雲飛	語言
還鄉夢的幻滅	賴景瑚	文學
葫蘆・再見	鄭明娳	文學
大地之歌	大地詩社	文學
青春	葉蟬貞	文學
比較文學的墾拓在臺灣	古添洪 陳慧樺 主編	文學
從比較神話到文學	古添洪 陳慧樺	文學
解構批評論集	廖炳惠	文學
牧場的情思	張媛媛	文學
萍踪憶語	賴景瑚	文學
讀書與生活	琦君	文學

滄海叢刊已刊行書目 (三)

書名	作者	類別
不疑不懼	王洪鈞	教育
文化與教育	錢穆	教育
教育叢談	上官業佑	教育
印度文化十八篇	糜文開	社會
中華文化十二講	錢穆	社會
清代科舉	劉兆璸	社會
世界局勢與中國文化	錢穆	社會
國家論	薩孟武譯	社會
紅樓夢與中國舊家庭	薩孟武	社會
社會學與中國研究	蔡文輝	社會
我國社會的變遷與發展	朱岑樓主編	社會
開放的多元社會	楊國樞	社會
社會、文化和知識份子	葉啓政	社會
臺灣與美國社會問題	蔡文輝 蕭新煌主編	社會
日本社會的結構	福武直著 王世雄譯	社會
三十年來我國人文及社會科學之回顧與展望		社會
財經文存	王作榮	經濟
財經時論	楊道淮	經濟
中國歷代政治得失	錢穆	政治
周禮的政治思想	周世輔 周文湘	政治
儒家政論衍義	薩孟武	政治
先秦政治思想史	梁啓超原著 賈馥茗標點	政治
當代中國與民主	周陽山	政治
中國現代軍事史	劉馥著 梅寅生譯	軍事
憲法論集	林紀東	法律
憲法論叢	鄭彥棻	法律
師友風義	鄭彥棻	歷史
黃帝	錢穆	歷史
歷史與人物	吳相湘	歷史
歷史與文化論叢	錢穆	歷史

滄海叢刊已刊行書目㈡

書名	作者	類別
語言哲學	劉福增	哲學
邏輯與設基法	劉福增	哲學
知識·邏輯·科學哲學	林正弘	哲學
中國管理哲學	曾仕强	哲學
老子的哲學	王邦雄	中國哲學
孔學漫談	余家菊	中國哲學
中庸誠的哲學	吳怡	中國哲學
哲學演講錄	吳怡	中國哲學
墨家的哲學方法	鐘友聯	中國哲學
韓非子的哲學	王邦雄	中國哲學
墨家哲學	蔡仁厚	中國哲學
知識、理性與生命	孫寶琛	中國哲學
逍遥的莊子	吳怡	中國哲學
中國哲學的生命和方法	吳怡	中國哲學
儒家與現代中國	韋政通	中國哲學
希臘哲學趣談	鄔昆如	西洋哲學
中世哲學趣談	鄔昆如	西洋哲學
近代哲學趣談	鄔昆如	西洋哲學
現代哲學趣談	鄔昆如	西洋哲學
現代哲學述評㈠	傅佩榮譯	西洋哲學
懷海德哲學	楊士毅	西洋哲學
思想的貧困	韋政通	思想
不以規矩不能成方圓	劉君燦	思想
佛學研究	周中一	佛學
佛學論著	周中一	佛學
現代佛學原理	鄭金德	佛學
禪話	周中一	佛學
天人之際	李杏邨	佛學
公案禪語	吳怡	佛學
佛教思想新論	楊惠南	佛學
禪學講話	芝峯法師譯	佛學
圓滿生命的實現（布施波羅蜜）	陳柏達	佛學
絕對與圓融	霍韜晦	佛學
佛學研究指南	關世謙譯	佛學
當代學人談佛教	楊惠南編	佛學

滄海叢刊已刊行書目(一)

書名	作者	類別
國父道德言論類輯	陳立夫	國父遺教
中國學術思想史論叢(一)(二)(三)(四)(五)(六)(七)(八)	錢穆	國學
現代中國學術論衡	錢穆	國學
兩漢經學今古文平議	錢穆	國學
朱子學提綱	錢穆	國學
先秦諸子繫年	錢穆	國學
先秦諸子論叢	唐端正	國學
先秦諸子論叢(續篇)	唐端正	國學
儒學傳統與文化創新	黃俊傑	國學
宋代理學三書隨劄	錢穆	國學
莊子纂箋	錢穆	國學
湖上閒思錄	錢穆	哲學
人生十論	錢穆	哲學
晚學盲言	錢穆	哲學
中國百位哲學家	黎建球	哲學
西洋百位哲學家	鄔昆如	哲學
現代存在思想家	項退結	哲學
比較哲學與文化(一)(二)	吳森	哲學
文化哲學講錄(一)(二)(三)(四)	鄔昆如	哲學
哲學淺論	張康譯	哲學
哲學十大問題	鄔昆如	哲學
哲學智慧的尋求	何秀煌	哲學
哲學的智慧與歷史的聰明	何秀煌	哲學
內心悅樂之源泉	吳經熊	哲學
從西方哲學到禪佛教 —「哲學與宗教」一集—	傅偉勳	哲學
批判的繼承與創造的發展 —「哲學與宗教」二集—	傅偉勳	哲學
愛的哲學	蘇昌美	哲學
是與非	張身華譯	哲學